Mark Balsiger & Hubert Roth

Wahlkampf in der Schweiz –
ein Handbuch für Kandidierende

Verlag Border Crossing AG, Bern

1. Auflage 2007

Gestaltung: Michael Schmid Productions, Schaffhausen
Lektorat: Christine Wyss, Bern
Korrektorat: Oliver Bleskie, Basel
Christina Pusterla, Schaffhausen
Martin Schütz, Berlin
Druck: Jost Druck AG, Hünibach bei Thun

ISBN-13: 978-3-033-01095-6

Diese Publikation wurde auch dank der Unterstützung dieser drei
Sponsoren möglich.

«No part of the education of a politician is more indispensable than the fighting of elections.»

Winston Churchill, 1937

Inhaltsverzeichnis

Teil A – der Ratgeber

Teil B – die Analysen

Anhang

Die Lücke geschlossen

Vorwort von Annemarie Huber-Hotz*

Vor 2070 Jahren verfasste Quintus Tullius Cicero für den bevorstehenden und dann erfolgreichen Wahlkampf seines älteren Bruders Marces um das Konsulat eine Wahlkampffibel, das *Commentariolum petitionis*. Marcus Tullius Cicero wurde als politischer Neuling auf Anhieb römischer Konsul.

Vor 31 Jahren gab der Altmeister der politischen Wissenschaft in der Schweiz, Professor Erich Gruner, zusammen mit Martin Daetwyler und Oscar Zosso ein 502-seitiges Buch heraus: «Aufstellung und Auswahl der Kandidaten bei den Nationalratswahlen in der Schweiz». Das Buch fand reissenden Absatz. Allerdings hatte es einen Mangel – zumindest empfanden dies jene Parlamentarier, die das Buch in den Papierkörben des Bundeshauses entsorgten. Das Buch enthielt eine fundierte wissenschaftliche Analyse der Nationalratswahlen 1971; es konnten ihm aber nicht innert weniger Minuten praktische Tipps für den 1975 gerade wieder anstehenden Wahlkampf entnommen werden.

Seit 1971 haben sich die Anzahl der Listen und der Kandidaturen für die Proporzwahlen nahezu verdoppelt. Lange nicht jede und jeder Kandidierende hat das Ziel, gewählt zu werden. Proporzwahlen sind ein Equipenspiel. Strategie und Taktik werden von den Wahlregeln mitgeprägt. Aber auch in einem arbeitsteiligen Equipenspiel erschwert die Vielzahl der Kandidierenden ein Herausstechen, die Unverwechselbarkeit der einzelnen Kandidatur.

Ausgehend vom Kanton Zürich, beginnen sich derzeit langsam die Umrisse eines neuen Wahlsystems, der «doppelte Pukelsheim», abzuzeichnen. Die Kantone Schaffhausen und Aargau schicken sich an, dieses System zu übernehmen, welches parteiübergreifende Listenverbindungen uninteressant macht. Wenn ein Systemwechsel im Bund überhaupt eine Chance haben sollte, wird es bis dahin noch Jahre dauern. In der Zwischenzeit gelten die bisherigen Regeln weiter. Manch andere Rahmenbedingung freilich ändert sich rasch – derzeit vor allem die Rolle der elektronischen Medien.

Anders als Quintus Tullius Cicero arbeiten Mark Balsiger und Hubert Roth empirisch wie vor 35 Jahren Erich Gruner; anders als Erich Gruner und wie Cicero deklarieren sie ihr Werk auch bereits im Untertitel als Handbuch. Die Lücke von 1971 ist also geschlossen. Die unüblich breite Erhebungsbasis des Buches verspricht auch Erkenntnisse für die Sphären «unterhalb» der bekränzten Häupter, für jenes Segment also, das Cicero in einer Majorzwahl ohnehin nicht interessieren konnte.

* Annemarie Huber-Hotz ist Bundeskanzlerin der Schweizerischen Eidgenossenschaft.

Licht ins Dunkel

Vorwort von Roger Blum**

In seinem 2000 Seiten umfassenden Mammutwerk über «Die Wahlen in den Schweizerischen Nationalrat 1848–1919», das er 1978 publiziert hat, hat der Politologe Erich Gruner die Wahlkämpfe für sämtliche Majorzwahlen des jungen Bundesstaates akribisch beschrieben. Dabei legte er das Schwergewicht auf die Wahlthemen und den Wahlverlauf. Dank seiner Studie wissen wir viel über die damaligen Strukturen, Strategien und Stimmungen, aber wenig darüber, wie eigentlich die einzelnen Kandidatinnen und Kandidaten vorgegangen sind: Haben sie in Wirtshäusern Runden gespendet? Haben sie an Versammlungen flammende Reden gehalten? Haben sie und ihre Freunde Flugblätter drucken lassen? Praktizierten sie das «Trölen», die Werbung von Haustür zu Haustür?

Klar ist, dass die Wahlkämpfe viel kürzer waren als heute. Und klar ist, dass sie auch in der Majorzperiode auf Medien angewiesen waren – auf «free media» und «paid media». «Free media»: Es hatte einen Einfluss, ob die in einem Kanton relevanten Zeitungen einen Kandidaten unterstützten oder bekämpften. «Paid media»: Wer auf sicher gehen wollte, beschränkte sich schon damals nicht auf persönliche Kontakte, sondern warb mit Flugblättern, Broschüren und Plakaten. Wie allerdings die Wahlkampfkommunikation genau aussah, werden wir mangels überlieferter Quellen für diese Zeit wohl nie erfahren.

Heute ist es möglich, mit dem vorhandenen Material auch die Wahlkampfkommunikation zu erforschen. Kontinuierlich hat dies allerdings bislang noch niemand getan. Die neue politikwissenschaftliche Wahlforschung in der Schweiz, das langfristige Projekt «selects» (Swiss electoral studies), das die Professoren Hanspeter Kriesi, Wolf Linder und Ulrich Klöti für die eidgenössischen Wahlen von 1995 gestartet haben und das seither unter der Ägide von Sybille Hardmeier, Adrian Vatter, Pascal Sciarini, Peter Selb, Romain Lachat und anderen systematisch das Wahlverhalten der Schweizerinnen und Schweizer untersucht, richtet den Fokus vor allem auf die Wählenden und weniger auf die Kandidierenden. Wir haben keine gesicherten Daten aus allen Kantonen und für eine längere Phase der Proporzperiode, wie sich die Wahlkämpfe verändern und wie stark sie sich «amerikanisieren». Zwar können wir beobachten, dass das Fernsehen die Wahlkämpfe «uniformiert»: Seit es die «Arena» und die Fernsehrunden der Parteipräsidenten gibt, kommt erstmals so etwas wie ein nationaler oder sprachregionaler, kantonsübergreifender Wahlkampf auf.

Seit es das Internet gibt, bewirtschaften viele Kandidierende zumindest für die Wahlkampfzeit eine eigene Website. Und seit die 1959 erfundene Zauberformel für die Zusammensetzung der Landesregierung nicht mehr in Stein gemeisselt ist, werden Bundesräte mehr und mehr als Zugpferde vor den Wahlkampfwagen gespannt. Eine leichte «Amerikanisierung» ist spürbar. Aber wie stark ist sie? Wie gehen die Kandidierenden wirklich vor? Welche Kommunikationsmittel setzen sie ein und mit welchen sind sie erfolgreich?

Es ist das Verdienst von Mark Balsiger und Hubert Roth, hier erstmals Licht ins Dunkel zu bringen. Auf der Basis eines umfangreichen Fragebogens, den über 50 Prozent der 2852 Kandidierenden der Nationalratswahlen von 2003 ausgefüllt haben, zeigen sie auf, worauf es ankommt. Genau deshalb ist diese Studie nicht nur eine Analyse, sondern auch ein Handbuch für künftige Kandidierende. Damit wird die Wissenschaft mit der Praxis verknüpft. Und weil das Thema so spannend ist, handelt es sich hoffentlich nicht um eine einmalige Studie, sondern um den Anfang einer Langzeitbeobachtung. Dies wäre der Politik, der Medienforschung und dem Land zu wünschen.

** Prof. Dr. Roger Blum ist Direktor des Instituts für Kommunikationsund Medienwissenschaft der Universität Bern.

Die Poren öffnen

Zum Gebrauch dieses Handbuchs

Politikwissenschaftler und Wahlkampf-Experten beobachten einander seit jeher argwöhnisch. Mit dieser Publikation begeben wir uns zwischen die Fronten. Wir plädieren für einen unverkrampften Umgang miteinander, so, wie es im angelsächsischen Raum auch möglich ist. Wenn «Wahlkampf in der Schweiz» einen ersten Impuls zu dieser Entwicklung geben kann, freut uns das. In jedem Fall soll die Publikation den Kandidatinnen und Kandidaten dienen. Nicht als Rezeptbuch. Es darf aber Poren öffnen, weil: Wahlkampagnen sollten individuell bleiben. So individuell wie die Kandidierenden ja auch sind.

Wir versuchen mit diesem Buch, zwei Bedürfnisse unter einen Hut zu bringen. Zum einen ist es ein Ratgeber. Zum anderen eine Bestandesaufnahme, die aufzeigt, wo der Wahlkampf in der Schweiz heute steht. Zum Ratgeber: In diesem Teil gibt es Anregungen und Tipps, was bei Wahlkampagnen beachtet werden sollte. Mehr als 50 verschiedene Schlagworte und Themen werden dabei angeschnitten. Sie stammen von unseren Beobachtungen der letzten rund 15 Jahre. Aus der Perspektive des Medienschaffenden, als parteilose Beobachter, als Berater von Kandidierenden – und als Wissenschaftler, die nicht im Elfenbeinturm sitzen.

Der andere Teil des Buches besteht aus Analysen. Sie basieren auf der Befragung von 1434 Personen, die 2003 für den Nationalrat kandidierten. Die Beteiligung war quer durch alle Kantone und Parteien ähnlich hoch. Entsprechend sind die Ergebnisse aussagekräftig. In den ersten beiden Kapiteln erklären wir die Situation in der ganzen Schweiz. Sie sind nahrhafter als die Lektüre einer Pendlerzeitung, vermitteln aber eine solide Basis, die beim Lesen der weiteren Kapitel hilft. Dort gehen wir auf die einzelnen Kantone ein, zudem spezifisch auf die Situation der Frauen und der jungen Kandidierenden.

Aus Platzgründen können wir in diesem Buch nicht auch noch auf die Ständeratswahlen eingehen. Obwohl wir 2003 auch dazu eine Befragung durchführten, an der insgesamt 69 Kandidierende teilgenommen haben. Wir werden die Ergebnisse aber andernorts publizieren, das drängt sich auf: Die Ausmarchungen für das «Stöckli» unterliegen ja fast überall dem Majorzsystem und sind oftmals kompetitiver als Nationalratswahlkämpfe. Es geht den Parteien um viel Prestige und die Aufmerksamkeit der Medien, und deshalb ist in der Regel auch mehr Geld im Spiel.

Dieses Handbuch hat seinen Zweck erfüllt, wenn es am Schluss einer Kampagne unterstrichene Schlüsselstellen, Kaffeeflecken und «Eselsohren» hat. Vor allem aber auch, wenn trotz knapper Budgets wirkungsvolle Wahlkämpfe möglich wurden.

Bern und Zürich, Neujahr 2007

Mark Balsiger & Hubert Roth

Teil A – der Ratgeber

Die «Do's & Dont's» einer Kampagne.
Und Hintergründiges dazu.

Dieser Teil des Buches besteht schwergewichtig aus Anregungen und Tipps. Sie werden in alphabetischer Reihenfolge thematisiert. Von A wie Aussehen, über S wie Slogans, bis Z wie Zeit.

Das Register zu den einzelnen Rubriken ist auf den letzten Seiten dieses Buches aufgeführt.

Agenda Setting

In der Schweiz sind Parteien in der Regel zu schwach, um dauerhaft eigene Themen setzen zu können. Was Thema ist, wird seit dem eidgenössischen Wahljahr 1999 durch Meinungsumfragen im Allgemeinen und durch das Sorgenbarometer im Speziellen bestimmt.[1] Diesen Themen kann man sich annehmen oder zusehen, wie andere das tun – und die entscheidenden Tore schiessen. Einzelne Politiker bringen auch mit grossen Anstrengungen kaum ein Thema auf die Agenda. Christoph Blocher und Peter Bodenmann sind die grossen Ausnahmen der letzten 20 Jahre. Beide sind sie Provokateure par excellence, beide haben etwas zu sagen, beide werden von den Medien genau beobachtet.

Amerikanisierung

In der Schweiz wird im Wahlkampf fast jedes Novum, jede Abweichung von der Norm sofort als Amerikanisierung bezeichnet. Der Begriff ist längst ein Schlagwort geworden und negativ besetzt. Das gilt auch in anderen Ländern. Bereits 1959 wurde die Konservative Partei Grossbritanniens kritisiert, weil sie amerikanische Methoden anwende und Politik wie Waschpulver verkaufe.

Es steht ausser Zweifel, dass die meisten Innovationen im Wahlkampf aus den USA kommen. Längst gibt es aber auch Beratungsfirmen in London, Paris und Stockholm, die bei politischen Kampagnen ihre Dienste weltweit anbieten. Wahlkampfberater aus Lateinamerika wiederum wurden in Russland engagiert. Das Wahlkampfbusiness ist global geworden.

Nebst Amerikanisierung werden in der wissenschaftlichen Literatur die Begriffe Modernisierung und Professionalisierung synonym verwendet. Wir plädieren für die ausschliessliche Verwendung des Begriffs Professionalisierung. Er ist am neutralsten.

→ *Negative Campaigning, Wahlkampf*

---

1 *Das Sorgenbarometer des Forschungsinstituts gfs.bern wird jeweils im Auftrag der SRG SSR idée suisse erhoben.*

«Arena»

Die Sendung «Arena» beim Schweizer Fernsehen wurde 1993 aus der Taufe gehoben. In den ersten Jahren war sie begleitet von vielen kritischen bis ablehnenden Tönen. In der Tat gab es zuvor keine politische Sendung, die einen derart konfrontativen Stil pflegte. Der frühere Bundesrat Flavio Cotti boykottierte die «Arena», weil für ihn Politik mehr sei als ein Kampf, um die Zuschauer zu unterhalten.

In den ersten Jahren verfolgten zeitweise bis zu 600'000 Personen die Sendung am Freitagabend – eine überaus hohe Quote. Seit Ende der 1990er-Jahre bewegen sich die Zuschauerzahlen allerdings abwärts. Im Jahr 2005 wurden durchschnittlich 260'000 Zuschauer erreicht.

Unvergessen ist die Ausgabe über die Alpen-Initiative im Frühjahr 1994. Der damalige Urner Landammann und heutige Ständerat Hansruedi Stadler war in Hochform und legte Bundesrat Adolf Ogi verbal aufs Kreuz. Zusammen mit einem Kommunikationsspezialisten hatte Stadler eine Sequenz perfekt einstudiert. Er visualisierte die äusserst engen Platzverhältnisse im Urnertal mit einem gelben Blatt Papier, das er Stück um Stück zerriss. Gleichsam war es die gelbe Karte für Ogi. Die Sequenz wird noch heute in Medientrainings als Schulbeispiel gezeigt. Nach der Sendung stürmte Ogi wutentbrannt in die Redaktion und beschwerte sich, als Bundesrat nicht den gebührenden Raum erhalten zu haben. Die Alpen-Initiative wurde angenommen. In mehreren Studien wurde daraufhin untersucht, ob die betreffende «Arena»-Sendung den Umschwung zu einem Ja eingeleitet hatte. Die Vermutung bestätigte sich nicht.

Im Wahlkampf 1995 liess SP-Präsident Peter Bodenmann eine Sendung schon nach wenigen Minuten platzen. Weil nicht die erste Gilde der Wirtschaftsführer und Autoren des damals heiss diskutierten «Weissbuchs» in den Ring trat, weigerte er sich zu diskutieren. Der Auftakt der Sendung wurde trotzdem gezeigt, für die Schlagzeilen in den darauf folgenden Tagen war gesorgt.

Auch wenn es immer wieder behauptet und gelegentlich auch untersucht wurde: Bis dato konnte nicht nachgewiesen werden, dass eine Abstimmung auf Grund der Debatte in der «Arena» gewonnen oder verloren wurde. Vieles deutet darauf hin, dass die Sendung nach den eidgenössischen Wahlen 2007 durch ein neues Format ersetzt wird. Tatsache ist: Sie hat die Schweizer Politik in den letzten 15 Jahren stark geprägt. Eine kleine Anzahl Politiker[2] steht immer wieder im Scheinwerferlicht, die Personalisierung der Politik hat so weiter Auftrieb erhalten. Verschiedentlich wird auch kritisiert, dass die «Arena» die Polarisierung in der Politik verschärft und den Aufstieg der SVP begünstigt hat.

Urs Leuthard, seit 2002 Moderator der Sendung, hat am liebsten «Gäste, die kompetent sind, etwas zu sagen haben und auch Lust haben, ihre Positionen zu vertreten». Für Kandidaten lohnt es sich in jedem Fall, in der «Arena» dabei zu sein. In der ersten Reihe wie in den Zuschauerrängen. Sie erhöhen Ihren Bekanntheitsgrad, knüpfen neue Kontakte, und der Blick hinter die Kulissen ist durchaus spannend. Die Sendung wird jeweils am frühen Freitag Abend aufgezeichnet. Anmeldungen für die Publikumsplätze sind zu richten an: arena@sf.tv oder Telefon 044 305 60 82. Auf den Sekretariaten der nationalen Parteien ist man dankbar, wenn ihre Kontingente ausgeschöpft werden.

→ *Auftrittskompetenz, Interview, Kleidung, Medientraining, Personalisierung*

Auftrittskompetenz

«Man brauche gewöhnliche Worte, sage aber ungewöhnliche Dinge.» Schopenhauer

«Alles, was man sagen kann, lässt sich einfach und klar sagen.» Wittgenstein

Der Inhalt, auf den sich die beiden grossen deutschen Denker beziehen, ist das eine. Das andere ist die Fähigkeit, geschickt aufzutreten und verstanden zu werden. Ein paar Regeln für einen guten Auftritt:

- stets sich selber sein
- sprechen, wie einem der Schnabel gewachsen ist
- Wortwahl: einfach, gut verständlich, prägnant

---

2 *Wir verwenden aufgrund der besseren Lesbarkeit die männliche Form. Die Kandidatinnen, Politikerinnen und Wählerinnen sind aber selbstverständlich stets mitgemeint.*

- kurze Sätze (Faustregel: Nicht mehr als 13 Wörter pro Satz)
- keine Fachausdrücke, Fremdwörter, Insidersprache, Abkürzungen
- Redundanz (keine Synonyme verwenden)
- Zurückhaltung mit Zahlen (grosszügig runden, zum Beispiel anstelle von «1,053 Millionen Franken» besser «rund eine Million Franken»)
- Zahlen in Zahlenverhältnissen ausdrücken (Beispiel: «Acht von zehn Schweizern wollen am Bankgeheimnis festhalten»)

Wenn Inhalt (verbal), Sprechweise/Stimme (para-verbal) und Körpersprache (non-verbal) übereinstimmen, spricht man von kongruentem Verhalten. Die Signale auf allen drei Ausdrucksebenen vermitteln die gleiche Botschaft.

Wer kongruent auftritt, kommt an, hinterlässt Wirkung. Und überzeugt. Die Aussage bzw. Botschaft hat folglich gute Chancen, beim Empfänger anzukommen und verstanden zu werden. Wieso? Weil der Absender «rübergekommen» ist.

→ *Medientauglichkeit, Sprechmarotten, Worthülsen*

Auns

Der Karikaturist Nico taufte die Auns einmal um in «Anus». Das brachte das Blut der einen in Wallung und sorgte bei anderen für Applaus und Schadenfreude. Die Auns heisst ausgeschrieben «Aktion für eine unabhängige und neutrale Schweiz» und ist gefürchtet. Sie wird oft als Paradebeispiel einer Organisation herangezogen, die den parlamentarischen Prozess beeinflusst. In Abstimmungskämpfen hat die Auns den Schweizerischen Gewerbeverband abgelöst, der früher als «Kampagnenmaschine» bezeichnet wurde.

Ursprünglich war die Auns ein Komitee, das 1986 gegen den Uno-Beitritt kämpfte. Mit Erfolg: Rund 75 Prozent der Stimmberechtigten sagten damals Nein. Die beiden bekanntesten Protagonisten waren alt Nationalrat Otto Fischer (FDP/BE) und Nationalrat Christoph Blocher (SVP/ZH). Erst nach dem Sieg an der Urne wurde beschlossen, die Auns als Verein aus der Taufe zu heben. Blocher wurde ihr erster Präsident, was er bis 2004 auch blieb. Ziel laut Statuten: «Erhaltung der Unabhängigkeit und Neutralität der Schweiz».

Die Auns ist gemäss ihren eigenen Angaben überparteilich. Tatsächlich fand man unter den Gründungsmitgliedern zahlreiche Grössen aus den Reihen der FDP und CVP. Der überparteiliche Charakter der Organisation ging allerdings weitgehend verloren, als 1992 der EWR-Abstimmungskampf lanciert wurde. Prominente Mitglieder wie die Nationalräte Ernst Mühlemann (FDP/TG) und Edgar Oehler (CVP/SG) sprangen damals ab. Damit wurde die Auns vollends zum «Stosstrupp Blochers», wie sie oft bezeichnet wurde. Von den bekannten Vorstandsmitgliedern gehören alle der SVP an: Oskar Freysinger (VS), Christoph Mörgeli (ZH) und Luzi Stamm (AG). Pirmin Schwander (SZ) löste Christoph Blocher 2004 als Präsident ab. Als Geschäftsführer amtet Hans Fehr (ZH).

Den unbestrittenen Höhepunkt erreichte die Auns am 6. Dezember 1992 mit dem hauchdünnen Nein zum EWR-Vertrag. Sie errang diesen Sieg zusammen mit der SVP, die damals noch um einiges schwächer war als heute. Auns und SVP traten an gegen Bundesrat, Parlament, wirtschaftliche Elite und die Medien, die fast unisono für ein Ja trommelten. Der Erfolg der Auns ist unverrückbar mit dem Namen von Christoph Blocher verknüpft. Die EWR-Abstimmung festigte sein Renommee als Volkstribun, er wurde zum bekanntesten und umstrittensten Politiker des Landes.

Seit dem Ja zur Uno im Frühling 2002 hat die Auns einige wichtige Abstimmungen, die den bilateralen Weg mit der EU ermöglichen, verloren. Dennoch wächst die Organisation stetig weiter. Im Jahr 2006 waren rund 46'000 Personen als Mitglieder, Gönner oder Sympathisanten eingetragen. Im schicksalsschweren EWR-Jahr 1992 waren erst 16'000 Personen dabei. Den Gegenpol zur Auns bildet die nebs, die «neue europäische bewegung schweiz». Sie zählt weniger als 5000 Mitglieder und wurde 1998 als Fusion diverser proeuropäischer Gruppierungen gegründet.

Der Fall der Auns soll hier exemplarisch aufzeigen, wie sich ausserparlamentarische Organisationen als wichtige Akteure in der Schweizer Politik etablieren konnten. Diese Entwicklung darf als weitere Schwächung der Parteien interpretiert werden. Nicht zuletzt ist sie ein Abbild der zunehmenden Fragmentierung der Gesellschaft. In den USA ist dieser Prozess schon bedeutend weiter fortgeschritten. Die Parteien haben kaum mehr die Kraft, alleine zu bestehen. Sie sind abhängig geworden von ausserparlamentarischen Organisationen, die ihre Partikularinteressen vertreten haben wollen. So unterstützten beispielsweise die Exil-Kubaner in Miami Bill Clintons Wahlkampagnen 1992 und 1996 mit mehreren Millionen Dollar. Im Gegenzug hob Clinton das Handelsembargo gegen Kuba nicht auf.

Aussehen

Eine immer wieder kontrovers diskutierte Frage: Hat das Aussehen eines Kandidaten Einfluss auf seine Wahlchancen? Die meisten würden diese Frage vermutlich spontan mit «Ja» beantworten. Allein, lässt sich ein Zusammenhang nachweisen?

Die beiden deutschen Sozialwissenschaftler Markus Klein und Ulrich Rosar befassen sich seit ein paar Jahren mit diesem Thema. Sie führten verschiedene Tests im kleinen und grossen Stil durch: Versuchspersonen mussten jeweils Fotos von ihnen nicht bekannten Kandidaten beurteilen. Die aus der subjektiven Warte als besser aussehend taxierten Kandidaten wurden tatsächlich auch häufiger gewählt. Die Wirkung der Attraktivität unterscheidet sich dabei grundsätzlich nicht zwischen männlichen und weiblichen Kandidierenden. Allerdings werden junge Kandidatinnen als besonders attraktiv wahrgenommen. Es liegt also auf der Hand, dass sie im Wahlkampf bessere Chancen haben.

Für Klein und Rosar sind die Ergebnisse nicht überraschend. Menschen in den unterschiedlichsten Lebensbereichen neigen dazu, Urteile über andere Mitmenschen auf Grund von deren Aussehen zu fällen. Das ist ausgeprägt der Fall, wenn keine weiterführenden Informationen und Bewertungskriterien verfügbar sind. Für Spitzenpolitiker wiederum hat das Aussehen eine geringere Bedeutung. Das liegt daran, dass diese so bekannt sind, dass die Wähler eine ganze Reihe Beurteilungskriterien heranziehen können. Bill Clinton überliess bei seiner ersten Präsidentschaftskandidatur 1992 nichts dem Zufall: Um als damals 44-Jähriger nicht zu jugendlich zu wirken, liess er seine Schläfen silbergrau melieren.

«Gut aussehen» ist natürlich eine subjektive Wahrnehmung. Wir ersetzen darum das Aussehen durch einen anderen Begriff: Sympathie. Kandidaten, die in ihrer Wahlpropaganda sympathisch und gewinnend herüberkommen, erhöhen dadurch ihre Wahlchancen. Wählen ist bei vielen Menschen kein rationaler Akt, sondern geschieht aus dem Bauch heraus. Auch in der kleinräumigen Schweiz kennen die potenziellen Wähler die Kandidaten vielfach nur aus der Werbung. Entsprechend sind professionelle Aufnahmen und eine ebensolche Bearbeitung der Fotos zentral.

→ *Fotos, Kleidung*

Budget

Unsere Analyse lässt keine Zweifel aufkommen: Geld ist einer der entscheidenden Faktoren im Wahlkampf. In den USA kommen für den Senat oder die Präsidentschaft nur noch Kandidaten in Frage, die grosse Summen aufbringen können. Multimilliardär Michael Bloomberg, der Bürgermeister von New York, wendete für seine Kampagnen von 2001 und 2005 jeweils umgerechnet zwischen 80 und 100 Millionen Franken auf.

In der Schweiz ist bis dato der Beweis noch nicht erbracht worden, dass man sich ein Mandat erkaufen kann. Obwohl: Von zwei Zürcher Politikern wird von eingeweihten Kreisen noch heute behauptet, eben das in den 1980er-Jahren getan zu haben. Fakt ist: beide schafften den Sprung in den Nationalrat nicht auf Anhieb. Trotz einer angeblich mit mehr als 500'000 Franken gefüllten Kriegskasse.

Für die eidgenössischen Wahlen 2003 wurden gegen 50 Millionen Franken aufgewendet. Die Werbewirtschaft sprach von einer doppelt so hohen Summe. Bleiben wir bei der tieferen Zahl, entspricht das etwa 17'000 Franken pro Kandidat oder etwa 200'000 Franken pro Sitz. In jedem Fall sind solche Zahlen mit Vorsicht zu geniessen. In den grösseren Kantonen wurden insbesondere bei den Ständeratswahlen aufwendige Kampagnen gefahren.

Aus unserer Warte wird das Geld im Wahlkampf oft planlos ausgegeben. Es fehlen die Schwerpunkte. Die Werbewirtschaft in den USA bringt es auf den Punkt: «Smart dime beats dumb dollar.» Übersetzt: Der clever eingesetzte 10-Räppler bringt mehr als ein planlos verschleuderter Franken.

→ *Fundraising, Zeit*

Fernsehwerbung

In der Schweiz ist politische Werbung in Radio und Fernsehen weiterhin verboten. Das legt das revidierte Radio- und Fernsehgesetz (RTVG), das im Frühjahr 2006 verabschiedet wurde, fest. Während der mehrere Jahre andauernden Debatte fiel das Verbot vorerst, wurde aber vom Zweitrat wieder korrigiert. Damit bleibt die Schweiz auch in dieser Hinsicht eine Insel. Werbespots für Politiker und Parteien haben in den meisten Ländern Tradition, sie treiben auch die Kosten für den Wahlkampf rasant in die Höhe. Der Druck, zusätzliche Werbezeiten einzukaufen, ist für ambitionierte Kandidaten enorm. In den USA wurden bei den Kongresswahlen 2002 über 600 Millionen Dollar alleine für Fernsehspots ausgegeben. Entsprechend haben sich die Begriffe «Air Wars» und «Commercial Battle» festgesetzt. Das Vokabular im Wahlkampf ist generell kriegerisch geprägt. Lesenswert zu diesem Thema ist Keith Spencer Feltons Buch «Warriors Words – a Consideration of Language and Leadership».

Die Entwicklung zu aufwendiger politischer Werbung hat die Schweiz also nicht erfasst. Was hingegen teilweise erlaubt ist, sind Dias und kleine Werbespots in den Kinos. Eine schweizweite Regelung gibt es allerdings nicht, die Kinobesitzer handhaben das unterschiedlich.

Fotos

Gutes Fotomaterial ist das A und O für die Eigenwerbung. Gerade bei diesem Budgetposten wird oft gespart, gerade diesem Aspekt viel zu wenig Bedeutung beigemessen. Nicht wenige Kandidaten glauben, selber gut genug fotografieren zu können. Die Aufnahmen sind vielfach schlecht, die Stirn glänzt fettig und die Augen verschwinden in den Höhlen, weil nicht aufgeblitzt wurde. An den Hintergrund wird gar nicht gedacht.

Aus unserer Erfahrung gibt es nur eines: Aufnahmen beim Profifotografen. Das kann in einem Studio oder draussen in der Natur sein. Wir empfehlen beides. Nehmen Sie sich Zeit dafür, Stress ist auch auf den Fotos sichtbar und gereicht Ihnen nicht zum Vorteil. Das dezente Auftragen von Make-up gehört auch für Männer dazu. Gerade in einem Studio mit seinen Lichtquellen kann ein Gesicht sonst leicht grau oder eingefallen wirken.

Im Vordergrund stehen Portraits. Sie müssen mit Ihrem Image übereinstimmen, also beispielsweise:

- jugendlich
- dynamisch
- überlegt
- charmant

Zeigen Sie viel Kopf, der Rest des Körpers ist nicht relevant. Portraitfotos werden seit ein paar Jahren wieder angeschnitten, und zwar oben. Bei den Aufnahmen ist im Zeitalter der Digitalfotografie darauf zu achten, dass enorm hohe Auflösungen möglich sind. Sonst lassen sich damit beispielsweise keine Weltformatplakate produzieren. Die meisten Digitalkameras sind dafür nicht ausgerüstet.

Lassen Sie von Ihrem Wahlkampfstab oder besser noch von einer beliebig ausgewählten Gruppe Uneingeweihter die Aufnahme auswählen, die Sie am besten zeigt. Die Wahrnehmung des Publikums ist entscheidend, nicht Ihre. Dieses Foto verwenden Sie die nächsten Jahre konsequent. Für jedes Inserat, für jeden Artikel, der mit Bild verlangt ist. Verbreiten Sie es an Parteisekretariat, Fotoagenturen und die Medien. Wer sein Foto auswechselt, wechselt damit einen Teil seiner öffentlichen Person.

→ *Kleidung*

Give-aways

Give-aways kommen bei Kampagnen in der Schweiz oft zum Einsatz. Die orangen Zahnbürsteli aus dem eidgenössischen Wahljahr 2003 sind noch heute in aller Munde – wenn auch nur im übertragenen Sinne. Ein Exemplar der Duschbeutel, die Doris Leuthard in ihrem ersten Wahlkampf 1999 unter die Leute brachte, schaffte es sogar ins Museum. Der Slogan lautete damals übrigens «Erfrischend Aargau» und nicht «Duschen mit Doris», wie sich das die Medienschaffenden seit Jahren einander abschreiben.

Es gibt eine grosse Anzahl verschiedener Give-aways. Eine Auflistung von Artikeln, die im Wahlkampf oft verwendet werden:

- Aschenbecher, Feuerzeuge, Streichhölzer
- Ansteckknöpfe, Aufkleber
- Einkaufstaschen
- Bonbons, Schoggitaler
- Sonnenhüte, Regenschirme

Diejenigen Werbegeschenke, die in der Politik verwendet werden, haben etwas gemeinsam: Sie sind billig. Viele Kandidaten fühlen sich unter Druck, in ihren Kampagnen Werbegeschenke zu verwenden. «Öppis mues mr doch mitgä», lautet der Tenor. Vielfach wird dem Publikum fast etwas verschämt ein Give-away in die Hand gedrückt. Wir sagen: Liebe Kandidaten, wenn Sie auf Werbegeschenke setzen, dann stehen Sie auch dazu.

Fundraising

In den USA ist seit 2003 ein Gesetz in Kraft, das Spenden für den Wahlkampf stark einschränkt. In der Schweiz hingegen sind der Finanzbeschaffung keine Grenzen gesetzt. Bettelbriefe sind nicht ungehörig. Sie sollten also keine Hemmungen haben, solche zu verschicken. Wer ein grösseres Beziehungsnetz pflegt, kann mit einem stilvoll formulierten Aufruf unter Umständen eine namhafte Summe für den eigenen Wahlkampf zusammenbringen. Von Versprechungen und Gegenleistungen sollte man hingegen absehen.

Eine Wahlkampfspende ist eine Schenkung, die auf keiner zugesicherten Gegenleistung basiert (Art. 239 ff. OR). Spenden können in der Regel von den Steuern abgezogen werden, müssen allerdings belegt werden.

Image

Das Image ist ein wichtiger Faktor im Wahlkampf, für Parteien wie für Kandidaten. Ob es allerdings mit der Realität übereinstimmt, steht auf einem anderen Blatt. Wichtiger ist es allemal. Ein griechischer Philosoph sagte es vor bald 2000 Jahren so:

«Nicht die Tatsachen, sondern die Meinungen über die Tatsachen bestimmen das Zusammenleben.» Epiktet

Die Wissenschaft zeigt auf, dass Fakten und Wahrnehmungen nicht übereinstimmen müssen. Gezielte und durchdachte Kampagnen vermögen die Wahrnehmung der Öffentlichkeit als Ganzes oder der potenziellen Wählerschaft zu verändern. Dazu braucht es allerdings Zeit und Geduld. Viele Kandidaten müssen sich ein Image aufbauen. Teile der Imagebildung sind:

- Aussehen und Kleidung
- Verhalten in der Öffentlichkeit
- Positionierung
- Schwerpunktthemen

Wir haben nicht ohne Grund die «weichen» Faktoren zuerst aufgelistet. Sie werden in der breiten Öffentlichkeit eher wahrgenommen. Die Medien mit ihrer Tendenz zu Personalisierung und «human touch» steuern das Ihre bei. Der blitzgescheite und bienenfleissige Chrampfer, der linkisch auftritt, schneidet weniger gut ab. Trotzdem sollte klar ersichtlich sein, wie sich ein Kandidat positioniert hat. Eine mögliche Variante dafür ist die Offenlegung des Stimmverhaltens der letzten zehn Jahre, zum Beispiel auf der eigenen Website. Wichtig ist auch, dass ein Kandidat in gewissen Bereichen als kompetent betrachtet wird. Mit drei oder mehr Schwerpunkten in einen Wahlkampf zu ziehen wäre allerdings des Guten zu viel. Das gilt gerade auch für Parteien, die sich in Wahljahren oft verzetteln.

Internet-Auftritt

Im Wahlkampf wird kein anderes Medium gleichsam so stark über- wie unterschätzt wie das Internet. Die Möglichkeiten sind enorm, trotzdem: In der Schweiz werden Wahlen (noch) nicht im Netz gewonnen – oder verloren. Im Jahr 2005 zählte man 3,8 Millionen Schweizer, die online waren, 2,1 Millionen davon täglich. Das ist ein riesiges Potenzial für Kandidaten.

Wir vertreten die Meinung, dass zu jeder ernsthaften Kandidatur ein eigener Internet-Auftritt gehört. Websites[3] werden nach sechs Kriterien beurteilt:

- Aktualität
- Homogenität
- Interaktivität
- Navigation
- Benutzerfreundlichkeit (die so genannte Usability)
- Gestaltung (Design)

Eine grosse Anzahl Websites von Kandidaten schneiden nach diesen Kriterien schlecht ab. Da findet man mitten im Winter bei Politiker X den Hinweis in der «Agenda», wo er seine 1.-August-Ansprache halte. Diejenige des Vorjahres. Andere danken noch immer für ihre Wiederwahl, die zwei Jahre zurückliegt. Die Möglichkeit zu einem Dialog mit dem Politiker findet man praktisch nirgendwo. Kurz: Das Potential, das ein eigener Internet-Auftritt bietet, wird nur schlecht genutzt. Das ist bedauerlich. Man kann einen Internet-Auftritt mit einer Visitenkarte vergleichen. Könnten Sie sich vorstellen, jemandem eine Visitenkarte zu überreichen, auf der die Telefonnummer nicht mehr stimmt und ein Kaffeefleck sichtbar ist? Eine rhetorische Frage.

---

3 Als Website wird der gesamte Internet-Auftritt bezeichnet. Fälschlicherweise hat sich im Volksmund der Begriff «Homepage» durchgesetzt. Die Homepage ist die Einstiegsseite eines Internet-Auftritts.

Eine Internet-Adresse, die so genannte Domain, muss bei einer Registrierungsstelle eingetragen werden. Für die Schweiz und Liechtenstein übernimmt das die Firma Switch (www.switch.ch). Das kostet eine Gebühr von 27 Franken pro Jahr. Im Dezember 2006 waren 800'000 ch-Domains reserviert, aufgeschaltet hingegen bedeutend weniger. Populäre Adressen sind zum grössten Teil schon lange weg, die Ursachen liegen zumeist beim «Domaingrabbing».[4] Bisweilen wechseln die Adressen für erkleckliche Summen den Besitzer. Erinnert sei hier an die Domain «schweiz.ch», für welche die Eidgenossenschaft einem Geschäftsmann im Herbst 2006 satte 50'000 Franken bezahlen musste. Die Domain «christoph-blocher.ch» hingegen war an Weihnachten 2006 wieder frei.

Bei den Domains verwenden Sie am gebräuchlichsten solche, die auf «.ch» oder «.li» für Liechtenstein enden. Es gibt aber auch Möglichkeiten, sich eine Domain mit anderen Endungen zu sichern, beispielsweise «.com», «.org», «.net», «.tv» oder «.biz».

Bei der Wahl eines Domain-Namens stehen Logik, Einfachheit und Lesbarkeit im Vordergrund. Viele Kandidaten entscheiden sich deshalb in der Regel bei ihrer Domain für eine Version mit Vor- und Nachnamen. Andere setzen auf Kreativität: Kandidat von Siebenthal beispielsweise reservierte für sich «von7thal.ch». Im eidgenössischen Wahlkampf 1999 wartete die PR-Agentur des SP-Nationalrats und heutigen Berner Stadtpräsidenten Alexander Tschäppat mit einer viel beachteten Aktion auf: Auf Transparenten, die bei den Bahnhöfen in Bern, Thun und Biel aufgehängt wurden, hiess es lediglich:

www.waehlt-mich.ch

Die Website soll angeblich mehr als 100'000 Zugriffe verzeichnet haben. Im damaligen Internet-Hype berichteten «10vor10» und grosse Tageszeitungen – im Wahlkampf stets auf der Suche nach einem neuen Ansatz – über diesen Coup. Vier Jahre später versuchte es Tschäppats Parteikollege Michael Kaufmann mit «waehlt-michu.ch» – ohne Resonanz. Heute heisst Alexander Tschäppats Domain übrigens «stapi.ch», ist aber seit Ende 2004 «Under construction». Womit wir bei einer weiteren Unart, wie Politiker mit ihren Internet-Auftritten umgehen, angelangt sind.

---

4   *«Domaingrabbing» bezeichnet das missbräuchliche Registrieren einer Domain. Es liegen inzwischen mehrere Bundesgerichtsurteile dazu vor. Wer keinen legitimen Anspruch auf eine Domain hat, riskiert, sie im Falle einer Klage abtreten zu müssen.*

Vielfach werden Websites erst wenige Monate oder sogar Wochen vor dem Wahltermin lanciert. Kaum sind die Wahlen vorbei, werden sie wieder vom Netz genommen. Das ist ungeschickt. Eine aktuelle Website eignet sich hervorragend für den permanenten Wahlkampf. Politiker haben die Chance, das Publikum direkt anzusprechen. Bei allen anderen Medienkanälen werden die Botschaften eines Kandidaten gefiltert; die Redaktionen bestimmen, was geschrieben und gesendet wird.

Untersuchungen haben ergeben, dass die Surfer im Internet innerhalb von drei Sekunden entscheiden, ob sie auf einer Site bleiben wollen oder nicht. Dem sollten Sie bei der Kreation einer Website Rechnung tragen. Gefragt sind keine Bleiwüsten, sondern ein Internet-Auftritt, der Lust macht auf mehr. Zuallererst sollten Sie wissen, welche Inhalte sie kommunizieren möchten. Der nächste wichtige Punkt ist die Struktur (Navigation), erst am Schluss sollte das Design festgelegt werden.

Viele Kandidaten versuchen aus Kostengründen, ihre Website selber zu gestalten. Oder Freunde oder Familienmitglieder übernehmen das. Es gibt auch etliche Parteien, die ihren Kandidaten Internet-Paketlösungen anbieten. Diese sind zwar sehr günstig, gleichzeitig geht aber die Individualität verloren, zudem ist das Angebot stark limitiert. Diese Paketlösungen erlauben oft nur schwarz-weisse Designs, was ungefähr so attraktiv ist wie Schwarzweiss-Fernsehen.

Wer in seinem Wahlkampf auf das Internet setzt, zieht besser einen Spezialisten bei. Die Kosten für die Erstellung einer Website sind massiv gesunken. Die Content-Management-Systeme (CMS) sind inzwischen zum Teil kostenlos, sie erlauben die selbständige Verwaltung von Inhalten. Das Tempo und die Unmittelbarkeit, die das Internet ermöglicht, sollten genutzt werden.

→ *Medien, Profis, Weblog*

Inserate

In Kampagnen schaden Inserate gewiss nicht, ihre Wirkung wird allerdings stark überschätzt. Das hat einen einfachen Grund: Die Schweiz ist, zusammen mit den USA, Weltmeister – in diesen beiden Ländern wird die Bevölkerung am häufigsten mit Werbebotschaften berieselt. Das Inserat eines Kandidaten konkurriert mit Hunderten, wenn nicht Tausenden von anderen um die Aufmerksamkeit des Publikums. Das reicht von ganzseitigen, vierfarbigen Sonderangeboten der Grossverteiler, den Aufführungen einer Theatergruppe bis zur Dreizimmerwohnung, die nebenan frei wird. Generell werden Botschaften im gekauften Raum, wozu ja nicht nur die Inserate zählen, nur sehr selektiv wahrgenommen.

Seit den 1990er-Jahren hat die politische Werbung in den Zeitungen deutlich zugenommen. Da die Parteipresse inzwischen gestorben ist und der Einfluss der Politiker auf die Redaktionen abgenommen hat, schenken potente Akteure dem Inserateteil eine grössere Aufmerksamkeit. Das ist insofern verständlich, als politische Akteure wegen der journalistischen Tendenz, stark zu selektionieren und alles zu kürzen, ihre Botschaften auch integral verbreiten möchten. Auf diese Weise lassen sich der Selektionsprozess des Journalismus und das so genannte Gatekeeping umgehen. Ein Teil des politischen Prozesses hat sich vom redaktionellen Teil in den Inserateteil verlagert.

Aus Politikerkreisen vernehmen wir gelegentlich die Überzeugung, dass ein einziges grosses Inserat «eine unglaubliche Wirkung» habe. Das trifft nicht zu, es sei denn, inhaltlich wird eine Provokation sondergleichen platziert oder aber das Inserat wird Thema in der redaktionellen Berichterstattung der Medien.[5] Inserate können Wirkung erzielen, wenn

- sie längere Zeit regelmässig geschaltet werden.
- die Gestaltung überdurchschnittlich gut gelungen ist und die inhaltliche Botschaft passt.
- der Wiedererkennungseffekt gross ist. Verwenden Sie entweder nur ein Sujet oder achten Sie darauf, dass die verschiedenen Sujets starke Gemeinsamkeiten haben. Das Corporate Design darf nicht verletzt werden.

Gerade beim letzten Punkt werden oftmals Fehler gemacht: Kampagnen verlieren an Durchschlagskraft oder gehen ganz unter, weil sie nicht einheitlich gestaltet werden. Dasselbe gilt für Inserate mit mehr als zwei Kandidaten. Die Aufmerksamkeit des Publikums ist ein höchst knappes Gut, sie wird bei mehr als zwei Köpfen zu stark strapaziert.

---

5   Die «Messerstecher-Inserate» der Zürcher SVP von Mitte der 1990er-Jahre sind ein bekanntes Beispiel dafür. Sie lösten eine längere Debatte über Stil und Anstand aus – unter dem Strich Gratiswerbung für die Partei. Mehr zum Thema beschreiben wir unter dem Schlagwort Negative Campaigning.

Personalisierung I: Kaum war Martin Wehrli mit dem besten Ergebnis in die Brugger Exekutive gewählt worden, warb er bereits wieder mit Inseraten. Dieses Mal für seine Parteikollegen, die bei den Parlamentswahlen kandidierten.

© *Border Crossing*

Personalisierung II: Bei Volksabstimmungen werden sehr oft so genannte «Testimonials» verwendet. Entscheidend ist, dass sie sich in Bezug auf Gestaltung und Schrift an den anderen Werbemitteln orientieren, sonst geht der Wiedererkennungseffekt verloren.

© *Border Crossing / carreldesign*

Interviews

Als Kandidat haben Sie vermutlich früher oder später die Gelegenheit, ein Interview zu geben. Man unterscheidet drei Interviewtypen:

- zur Sache
- zur Person
- gleichzeitig zur Sache und zur Person

Interviews werden entweder kontrovers oder nichtkontrovers geführt. Beim kontroversen Interview schlüpft der Journalist in die Rolle der Gegenpartei. Viele Interviewte schliessen daraus, dass man ihnen übel gesinnt sei und sie «in die Pfanne hauen» wolle. Das ist eine klare Fehlinterpretation. Im kontrovers geführten Interview geht es darum, dass Journalisten die triftigen Argumente der Kontrahenten zu vertreten haben. Das gehört zum professionellen Handwerk. So können Interviewte zu den Gegenargumenten Stellung nehmen, sie entkräften und den eigenen Standpunkt schärfer akzentuieren.

Bevor Sie ein Interview geben, legen Sie im Dialog mit dem Journalisten die Spielregeln fest. Dazu gehören:

- Ziel des Interviews (präzise Vorstellung, keine Plauderei)

- Länge

- publizistisches Umfeld (Wird es ein Portrait? In welchem Sendegefäss kommt das Interview?)

- Sprachform (Mundart, Hochdeutsch, Fremdsprache)

Achten Sie darauf, dass Ihnen der Journalist offene Fragen stellt, die so genannten «W»-Fragen: Wer, Was, Weshalb, Wann, Warum und Wo. Ist dies nicht der Fall oder häufen sich Suggestivfragen, besteht der begründete Verdacht, dass der Journalist eine vorgefasste Meinung hat oder Sie in eine bestimmte Position drängen will.[6] Thematisieren Sie diesen Verdacht sofort!

→ *Journalisten, Medienlandschaft Schweiz, Medientraining*

---

6   *Ein Beispiel für eine Suggestivfrage: «Sie sind doch sicher auch der Meinung, dass der Vorstoss Ihres Parteikollegen völlig unausgereift ist.»*

Kleidung

**«You never get a second chance
to make a first impression.»**

Dieses populäre Sprichwort drängt sich gerade beim Outfit auf. Bei der Wahl der Kleider gilt:

- Bleiben Sie sich selbst.
- Sie müssen sich wohlfühlen.
- Seien Sie weder «overdressed» noch «underdressed».

Die Auswahl sollten Sie stets adäquat zum Anlass treffen. In der Schweiz werden Paradiesvögel kaum punkten, graue Mäuse wiederum gar nicht zur Kenntnis genommen. Ein paar weitere Tipps:

- Bei TV-Auftritten auf karierte Muster verzichten. Das erzeugt den so genannten Moiré-Effekt, ein leichtes Flimmern auf dem Bildschirm.
- Auf die Farbkombinationen Acht geben.
- Foulards und Krawatten gezielt auswählen, sie bringen Farbe, setzen eine Note – und unterstützen so ein Image. Meinungsforscher Claude Longchamp beispielsweise wird nie ohne Fliege im Schweizer Fernsehen auftreten.
- Bei Podien mit Sitzgelegenheiten sollten Frauen auf Rock oder Jupe verzichten.
- Schmuck und Make-up dezent einsetzen.

Eine adäquate Kleidung ist ein starkes Signal in der Öffentlichkeit. Als US-Präsident George W. Bush seine Truppen im Irak besuchte, trug er selbstverständlich nicht einen edlen Zweireiher, sondern eine Fliegerjacke. Vom Kärntner Landeshauptmann Jörg Haider weiss man, dass er stets mehrere Outfits mit dabei hat.

→ *Aussehen, Medientauglichkeit*

Leserbriefe

Leserbriefe sind ein wichtiges Instrument für politisch Interessierte. Meinungen bilden, Fragen stellen, Stellung beziehen, konstruktive Kritik üben, nicht zuletzt den eigenen Namen bekannter machen – das steht im Vordergrund. Die FDP des Kantons Zürich veranstaltet seit 1997 regelmässig Leserbriefseminare, stets mit NZZ-Redaktor Florian Sorg als Referenten. Auch die Zürcher SVP veranstaltet solche Kurse. Sie werden von Nationalrat Hans Fehr gegeben, einem Spezialisten für Leserbriefkampagnen. Er hat nach eigenen Angaben verschiedene Musterbriefe mit kurzen Argumenten und einer konzisen Botschaft entwickelt. Die erste Regel in seinen Kursen laute allerdings: «Schreibe nie einen Musterbrief wörtlich ab!»

Leserbriefe werden auf den Redaktionen in der Regel gern entgegengenommen. Sie werden zumeist auch abgedruckt, zumindest bei Lokal- und Regionalblättern. Bei auflagenstärkeren Zeitungen wird es schwieriger. Die Redaktionen dürfen Kürzungen oder Umstellungen in Eigenregie vornehmen. Aus zeitlichen Gründen wird in der Regel keine Korrespondenz mit den Verfassern von Leserbriefen geführt. Auf grösseren Redaktionen werden Leserbriefe nach spezifischen Kriterien ausgewählt:

- Aktualität
- Prominenz des Verfassers
- Bearbeitungsaufwand

Die Chancen für die Publikation steigen, wenn der Leserbrief nach journalistischen Kriterien verfasst wurde. Ein paar Grundregeln:

- Ein guter Leserbrief thematisiert einen Gedanken, keine Rundumschläge.

- Ein Leserbrief nimmt in der Regel Bezug auf einen Artikel, der in der entsprechenden Zeitung publiziert wurde. Dasselbe gilt für Diskussionsforen usw. im Internet.

- Ein Leserbrief sollte dem Niveau des Mediums resp. seiner Leserschaft angepasst werden. Für den «Blick» textet man nicht gleich wie für die NZZ.

- Schachtelsätze und Fremdwörter haben zur Folge, dass der Text von vielen Lesern nicht verstanden wird. Bei Sätzen mit mehr als 13 Wörtern treten bei vielen Menschen Verständnisschwierigkeiten auf.

- Verben statt Substantive verwenden, so wird der Text lebendiger.

Technisches

- Schriftgrad: mind. 11 Punkt
- Zeilenabstand: 1,5 oder 2
- Schriftart: eine gebräuchliche und gut leserliche, z.B. Arial
- Umfang: Als Faustregel gilt, dass ein Leserbrief nicht länger als eine A4-Seite sein sollte. Sonst steigt die Gefahr einer Kürzung durch die Redaktion oder der Text wird gar nicht veröffentlicht. Optional: einen Kürzungsvorschlag anzeichnen.

→ *Im Anhang finden Sie ein Musterbeispiel für einen Leserbrief.*

Listengestaltung

Zuweilen machen Parteien bei der Listengestaltung gravierende Fehler. So erlebten wir vor ein paar Jahren einmal die fröhliche Auftaktveranstaltung aller Nationalratskandidaten einer Partei, die die Reihenfolge per Los bestimmte. Spätestens am Wahlabend war es mit der Fröhlichkeit vorbei.

In grossen Kantonen kommt es bei etablierten Parteien zuweilen zu indirekten «Primaries», also einer Art Vorselektion der Partei in den Regionen. Das ist nicht schlecht, um sich für die echten Wahlen warmzulaufen. Wer eine ausgewogene Liste präsentieren möchte, sollte bei Nationalratswahlen grundsätzlich die Kandidaten nach folgenden Kriterien auswählen:

- geographisch, also aus verschiedenen Regionen eines Kantons
- soziodemographisch, d.h. nach Geschlecht, Alter und Beruf

Es liegt auf der Hand, dass ein Frauenanteil von 50 Prozent das Ziel sein sollte. Verschiedene Generationen und Berufsgattungen machen eine Liste attraktiver als beispielsweise ein Dutzend Männer, alle zwischen 50 und 60, fast alle schon im Kantonsparlament, allesamt Juristen, um bloss ein Cliché zu bemühen.

Bei der Listengestaltung bedienen sich die Parteien verschiedener Systeme, zum Beispiel:

- Bisherige zuerst, danach in alphabetischer Reihefolge
- alternierend werden Frauen und Männer aufgeführt
- Spitzenplatz für eine hoffnungsvolle Nachwuchskraft

- die Spitzenkandidaten werden vorkumuliert, d.h. die Namen zweimal aufgeführt

- alle Kandidaten werden vorkumuliert

Es kann sich für eine Partei auch lohnen, mutiger zu sein. So nominierte die Aargauer CVP 1999 die nahezu unbekannte Doris Leuthard als Ständeratskandidatin. Leuthard war damals erst gerade seit zwei Jahren Mitglied des Kantonsparlaments. Zugleich wurde sie als Spitzenkandidatin auf die Nationalratsliste gesetzt. Leuthard legte einen hervorragenden Wahlkampf hin, erreichte das beste Ergebnis auf ihrer Liste und schaffte so im ersten Anlauf den Sprung in den Nationalrat – der Auftakt einer schnellen Karriere bis in den Bundesrat. Der Erfolg war nicht nur persönlicher Natur, sondern auch die Partei profitierte von der «Wahllokomotive» Leuthard. Auch dank ihrem Schub holte die CVP Aargau ein drittes Nationalratsmandat.

Listenplatz

Der Listenplatz hat in vielen Kantonen eine vorentscheidende Bedeutung. Die Namen auf den Listen werden mehrheitlich von hinten her gestrichen, andere dafür kumuliert oder panaschiert. Die Wähler gehen davon aus, dass die Wägsten und Besten einer Partei im vorderen Teil der Liste zu finden sind. Um einen vorderen Listenplatz zu erhalten, wird nicht selten mit Haken und Ösen gekämpft. Filippo Leutenegger, schweizweit bekannt geworden als «Arena»-Dompteur, machte 2003 seine Kandidatur bei der Zürcher FDP von einem vorteilhaften Listenplatz abhängig. Den erhielt er, weil die Partei auf einen derart zugkräftigen Quereinsteiger nicht verzichten wollte. Der Preis dafür: Unmut unter den «Papabili», die schon längere Zeit nach höheren Weihen strebten und sich langsam hochgedient hatten.

Medien

Mit Geschick, Fleiss und Geld kann ein Kandidat eine grosse Anzahl Medien und Kommunikationsinstrumente nutzen. Wichtig sind Timing und genau definierte Ziele. Die Medien werden in zwei Kategorien unterteilt:

- redaktioneller Teil (free media)
- Werbung (paid media)

Mischformen von redaktionellen Leistungen und Werbung haben sich in den letzten Jahren gehäuft, eine ungute Entwicklung, die auch darauf zurückzuführen ist, dass die Balance zwischen publizistischer Verantwortung und kommerziellen Interessen der Verlage aus dem Gleichgewicht geraten ist.

Zur Kategorie free media zählen

- Medienkonferenz
- Medienmitteilung
- Hintergrundgespräch mit Journalisten
- Leserbrief
- selbst verfasster Artikel
- E-Newsletter

Zur Kategorie paid media zählen

- Plakat
- Broschüre, Flyer, Postkarte usw.
- Inserat
- Publireportage
- Internet-Auftritt
- Postwurfsendung
- Kino-Dia

Aus der Wissenschaft ist bekannt, dass free media eine bedeutend stärkere Wirkung auf das Publikum hinterlassen als der gekaufte Raum (paid media). Ein Leserbrief erreicht mehr Aufmerksamkeit als ein einzelnes Inserat in der Grösse einer Visitenkarte. Bei paid media sind folgende Aspekte zu berücksichtigen:

- Wiedererkennungseffekt
- Terminierung
- Media-Mix
- klare Botschaft
- Emotionen

Medienmappe

Wer ernsthaft kandidiert, sollte eine Medienmappe haben. Sie muss immer zur Hand sein: Bei Kontakten mit Journalisten und möglichen Sponsoren genauso wie im Strassenwahlkampf. Sie ist abgestimmt auf das Corporate Design der Kampagne. Zur Medienmappe gehören:

- Lebenslauf (so wie bei einem Bewerbungsdossier)
- Portraitfotos (schwarz-weiss und farbig, mind. 300 dpi)
- Kontaktadressen
- Fact Sheets zu den eigenen Schwerpunktthemen
- Liste mit den Mitgliedern des Unterstützungskomitees
- Medienberichte über Sie selbst
- Referate, eigene Artikel
- Papiere wie beispielsweise «Mein Leistungsausweis» oder «Meine Visionen»

Der Inhalt der Medienmappe sollte zudem auf eine CD-ROM gebrannt werden. Das erleichtert den Journalisten die Arbeit. Die Medienmappe sollte auch als Download auf der Website verfügbar sein.

Medienlandschaft Schweiz

Die Schweiz gilt, trotz des Zeitungssterbens, das in den 1960er-Jahren schubweise eingesetzt hat, immer noch als ein Land mit einer überdurchschnittlich hohen Zeitungsdichte. Ein paar Zahlen:

- Print: Im Jahr 2006 existierten ca. 440 Titel (Tages-, Wochen- und Sonntagspresse)
- Radio: 11 SRG-Kanäle (DRS 1, DRS 2, DRS 3, Virus, DRS «Musigwelle» usw.), 40 Privatradios
- Fernsehen: 6 SRG-Kanäle, 17 private regionale TV-Sender mit einem tagesaktuellen Programm

Aufgaben der Medien

- Verbreitung von Informationen
- Wahrheitsfindung
- Wächter der Demokratie
- Forum

Rollenverständnis der Medien

- aktiv (Kritiker, Anwalt, Kommentator)
- passiv (Berichterstatter, Vermittler)
- kundenorientiert (Ratgeber, Unterhaltung)
- marktorientiert (Werbeumfeld, Medienmarkt)

Medientrends

- Infotainment (Vermischung von Information und Entertainment)
- Personality (stark auf Personen ausgerichtete Berichterstattung)
- Verknappung

Ein eindrückliches Beispiel für die Verknappung der Information gibt es aus den USA. Während der Kampagnen für die Präsidentschaftswahlen wurde die Redezeit der Kandidaten in TV-Beiträgen seit den 1960er-Jahren sukzessive gekürzt.

Tabelle A-1: **Durchschnittliche Dauer eines Statements auf den nationalen TV-Ketten in den USA:**

Jahr	Kandidaten	Dauer pro Statement
1968	Richard Nixon, Hubert Humphrey	43 Sekunden
1976	Gerald Ford, Jimmy Carter	18 Sekunden
2000	George W. Bush, Al Gore	7 Sekunden

Lesebeispiel: Im Jahr 2000 erhielten George W. Bush und Al Gore pro Fernsehbeitrag über die Präsidentschaftskampagne im Durchschnitt 7 Sekunden Zeit für ein Statement.

Medienmitteilung

«Was immer du schreibst, schreibe kurz – und sie werden es lesen. Schreibe klar und bildhaft – und sie werden es verstehen.» Thomas Friedman, Kolumnist der «New York Times» und Pulitzer-Preisträger

Sechzehn Prozent aller Schweizer bekunden Mühe beim Lesen. Fast alle beim Schreiben. Das eine dürfte mit dem anderen zu tun haben... Wer mediengerecht schreibt, wird gehört – und deshalb vermutlich auch verstanden. Wer sich als Ortsparteipräsident oder Nationalratskandidat Gehör verschaffen will, sollte wissen, wie

Medien funktionieren. Medienmitteilungen werden dann publiziert, wenn sie mediengerecht aufbereitet wurden.

Jeder Sachverhalt, jedes Ereignis kann mit den so genannten «W-Fragen» systematisch beleuchtet werden.

1. W-Fragen

- Wer?
- Was?
- Wo?
- Wann?
- Wie?
- Warum?
- Welche Quelle(n)?

2. Form

- Format A4, einseitig beschrieben
- Zeilenabstand 1,5 oder 2
- Schriftgrad mindestens 11 Punkte

3. Grundinformationen

Die Grundinformationen werden aufgrund der sieben W-Fragen – wer, was, wo, wann, wie, warum und welche Quelle(n) – vermittelt.

4. Gliederung

Die Abschnitte sollten kurz und in sich geschlossen sein. Titel, Lead, Bild, Legende und Zwischentitel bilden eine Einheit. Sie sollen aufeinander abgestimmt sein und gemeinsam dazu beitragen, dass die Medienmitteilung gelesen wird.

5. Sprache

- einfach, verständlich, prägnant

- nichts voraussetzen

- kein Fachchinesisch

- keine Abkürzungen verwenden. (Die wichtigsten Ausnahmen: SBB, AHV, USA, EU, Uno, Nato, UBS, CS, Fifa, Uefa, SMS, etc., usw., die grösseren politischen Parteien der Schweiz sowie regionale Verkehrsbetriebe, zum Beispiel die VBZ in Zürich)

- Grundsatz: KISS = keep it simple & short

6. Namen

- Vornamen ausschreiben (nicht F. Muster; bei der ersten Nennung Felix Muster; danach nur noch Muster)
- keine zivilen Titel wie Dr., B.A. usw.
- keine Voranstellung von «Frau» und «Herr»

7. Titel

Der Titel sollte zum Weiterlesen einladen, er schneidet das Wer und Was an.

8. Lead

- attraktiv, kernig
- die Essenz des Textes
- nicht wiederholen, was schon im Titel steht

Achtung: Ein Lead, auch Vorspann genannt, wird nur bei längeren Medienmitteilungen, d.h. mit mehr als einer halben A4-Seite Text, gebraucht.

9. Zwischentitel

- Die Zwischentitel helfen zur Gliederung eines Textes, können aber auch ein zusätzlicher Leseanreiz sein, wenn sie clever getextet sind.
- Längere Texte sollten etwa alle 30 Zeilen einen Zwischentitel haben.
- Zwischentitel sollen nicht gleich lauten wie der erste Satz im Text danach.

10. Visualisierung

- Fotos, Illustrationen, Grafiken und Tabellen unterstützen die Informationsvermittlung, aber nur, wenn sie gut und/oder aussagekräftig sind.
- Die Leseforschung zeigt, dass der Einstieg in die Lektüre eines Textes meistens über einen «Blickfänger» geschieht. Gute Bilder, Grafiken usw. werden von Redaktionen gerne übernommen. (Beim Versand von Bildern gehören Copyright-Anmerkungen dazu: Wie oft und unter welchen Umständen dürfen sie verwendet werden; dürfen sie archiviert und/oder verändert werden?)

11. Bildlegende

- Die Bildlegende hilft, auf den Text neugierig zu machen. Was man auf dem Bild sieht, muss nicht noch einmal geschrieben werden.
- Zusätzliche Sachinformationen hingegen sind wichtig, zum Beispiel: Worum geht es? Wer ist auf dem Bild?
- Nicht interpretieren, sondern sich an die Fakten halten.
- Name des Fotografen bzw. der Fotoagentur nennen (Quelle).

12. Auskunftsperson

Dieser Punkt ist zwingend. Für Rückfragen am Schluss des Textes angeben: Vorname/Name, Funktion, Telefonnummern, E-Mail-Adresse sowie zeitliche Erreichbarkeit (Grundsatz: Auskunftsperson muss erreichbar sein, wenn Medienmitteilung beim Empfänger eintrifft).

13. Zusatzinformationen

Je relevanter der Inhalt einer Medienmitteilung, desto wichtiger werden Hintergründe, Zahlen (z.B. Kosten) und Vorgeschichte. Sie können auf einem separaten Blatt zusammengestellt werden.

14. Medienkonferenz

Bei Ereignissen von grosser Tragweite ist es empfehlenswert, eine Medienkonferenz abzuhalten. Die Nachfrage nach 1:1-Information (so genannten O-Tönen resp. Statements für die elektronischen Medien, Bilder, Interviews) ist in der Regel enorm gross und kann so einfacher und professioneller befriedigt werden als via Telefon. Die Berichterstattung dürfte auch besser werden.

Eine Medienkonferenz macht aber eine Medienmitteilung nicht überflüssig. Sie soll koordiniert, d.h. zeitgleich mit dem Beginn der Medienkonferenz, verschickt werden oder aber bereits zuvor, mit einer Sperrfrist (Regelfall: Sperrfrist und Beginn der Medienkonferenz sind identisch).

→ *Im Anhang finden Sie ein Musterbeispiel einer Medienmitteilung.*

Medienrechtliche Aspekte

1. Grundsätzliches

- Ein Interview, ein einzelnes Zitat usw. darf jederzeit widerrufen werden, egal in welcher Form (schriftlich, auf Tonband usw.) die Aussagen gemacht wurden.

- Als interviewte Person haben Sie das Recht, sich den geplanten Beitrag vor der Veröffentlichung/Ausstrahlung anzusehen bzw.. anzuhören (zumindest Ihre Zitate/Aussagen) und auch Änderungen durchzusetzen.

2. Recht am eigenen Bild

Das Recht am eigenen Bild wird von der schweizerischen Lehre mehrheitlich anerkannt. Es bringt zum Ausdruck, dass niemand ohne seine Zustimmung oder seine Einwilligung abgebildet werden darf, sei es durch Zeichnung, Gemälde, Fotografie oder ähnliche Verfahren. Das Recht am eigenen Bild erfasst auch die Veröffentlichung von Personenbildern. Eine solche ist nur dann zulässig, wenn die betreffende Person dazu eingewilligt hat.

3. Recht an der eigenen Stimme

Entsprechend dem Recht am eigenen Bild kennen Lehre und Rechtsprechung ein Recht an der eigenen Stimme. Ohne Einwilligung oder Rechtfertigungsgrund dürfen beispielsweise Tonaufnahmen gegen den Willen des Aufgenommenen weder gemacht noch rechtmässig gemachte Tonaufnahmen durch Schnitte verändert werden.

4. Gegendarstellungsrecht

Laut Artikel 28g ZGB (Zivilgesetzbuch) haben alle, die sich durch eine Veröffentlichung in Presse, Radio und Fernsehen in ihrer Persönlichkeit unmittelbar betroffen fühlen, Anspruch auf eine Gegendarstellung. Der Anspruch gibt den Betroffenen Gelegenheit zu einer knappen, sachbezogenen Wiedergabe ihres Standpunktes. Die Frage, welche Version die richtige ist, bleibt offen.

Im Grundsatz gilt «Waffengleichheit», die der durch eine Veröffentlichung betroffenen Person das erzwingbare Recht einräumt, ebenfalls im gleichen Medium zu Worte zu kommen und die Sachlage aus ihrer Sicht darzustellen. Die Gegendarstellung stellt ein eigenständiges Rechtsinstitut des Privatrechts dar. Sie ist ein spezifisch nur für das Verhältnis Medien/Betroffene geschaffenes Instrument des Rechtsschutzes.

Medienschaffende

«Journalisten sind absolute Mimosen.» Peter Sauber

Die Aussage des ehemaligen Formel-1-Rennstallchefs enthält vermutlich mehr als ein Quentchen Wahrheit. Allerdings müsste man anfügen, dass Politiker ähnliche Mimosen sind.

Der Umgang zwischen Journalisten und Politikern ist problematisch und symbiotisch zugleich. Bisweilen ist eine regelrechte Verbrüderung zu beobachten. Parteistrategen halten den Redaktionen regelmässig echte und vermeintliche Primeurs zu. Umgekehrt hat es sich eingebürgert, dass einzelne Journalisten der Sonntagspresse auf den Generalsekretariaten jeweils donnerstags nach exklusiven News fragen.

Im hektischen Alltag der Medien kommen Fehler vor. Oftmals liegt das nicht an den Journalisten, sondern an den Politikern, die sich unklar ausdrücken oder den Umgang mit Medien nicht verinnerlicht haben. Elf Tipps:

1. Arbeiten Sie mit den Medien, nicht gegen sie. Wenn beispielsweise ein kleines Lokalblatt jeweils morgens um 9 Uhr Redaktionsschluss hat und anschliessend gedruckt wird, beharren Sie nicht darauf, nur um 8 Uhr ein Interview geben zu können.

2. Betrachten Sie die Journalisten als Ihre Partner, die Sie kritisch beobachten und begleiten. Medienschaffende sind aber weder Freunde noch Feinde. Von einer «Verbrüderung» mit Journalisten ist abzuraten. Sie wäre nicht hilfreich (Glaubwürdigkeit, Unabhängigkeit). Allerdings besteht ein gegenseitiges Abhängigkeitsverhältnis: Sie brauchen die Medien, die Medien brauchen Sie.

3. Medienschaffende haben primär den Auftrag, die Öffentlichkeit zu informieren. Deshalb stellen sie Fragen, deshalb sind sie an Ihnen interessiert. Das kann zeitaufwendig sein oder an die Nerven gehen. Bleiben Sie ruhig und besonnen.

4. Medienschaffende stehen praktisch immer unter Zeitdruck. Die Bereitschaft zur Kooperation ist ratsam, versuchen Sie, agil auf ihre Bedürfnisse einzugehen.

5. Journalisten suchen News, Aktualität. Das ist das Zentrale ihrer Aufgabe. Liefern Sie die Informationen, die Sie haben und herausgeben können, nach der SOS-«Formel»: **schnell – offen – sachlich**

6. Medienschaffende sind – von ganz wenigen Ausnahmen abgesehen – nicht käuflich. Geschenke oder Versprechungen lassen Sie in einem diffusen Licht erscheinen.

7. Ehrlichkeit und Offenheit zahlt sich aus. Journalisten sind auf der Suche nach der Wahrheit.

8. Überzeugen Sie mit Argumenten.

9. Bauen Sie ein Vertrauensverhältnis auf zu den Medienschaffenden, mit denen Sie regelmässig zu tun haben. Treffen Sie sie zum Kaffee, rufen Sie regelmässig auf den Redaktionen an. Das hat nichts mit Anbiederung zu tun. Journalisten sind an einem regen Austausch interessiert, im Idealfall ergeben sich Off-the-record-Gespräche, die das Vertrauen weiter ausbauen.

10. Verurteilen Sie nicht einen ganzen Berufsstand, wenn Sie einmal eine schlechte Erfahrung mit einem Journalisten gemacht haben.

11. Sprechen Sie Probleme oder Schwierigkeiten direkt an. Die Faust im Sack nützt nichts. Kontaktieren Sie von sich aus den Journalisten, von dem Sie sich falsch verstanden fühlen oder der «falsch» über Sie berichtet hat. Medienschaffende sind an Dialog und Diskurs interessiert, Drohungen oder Beschimpfungen am Telefon wirken kontraproduktiv.

Medientraining

Noch immer verzichten viele Politiker auf Medientrainings. Den einen fehlt die Zeit dafür, andere sind überzeugt, dass sie es nicht nötig haben. Diese Selbstdiagnosen können fast allabendlich in den Fernsehsendungen beurteilt werden. Bundesrat X bringt es nicht auf den Punkt, Ständerätin Y verheddert sich in Schachtelsätzen, und Kandidat Hugo Hugentobler ringt in der «Arena» mit rotem Kopf nach Worten, wenn urplötzlich das Mikrofon vor seiner Nase auftaucht. Von Helmut Schmidt wird erzählt, dass er in seiner Zeit als deutscher Bundeskanzler (1974 bis 1982) täglich eine halbe Stunde Medientraining absolviert habe. Bis heute gilt er als ein äusserst begabter Rhetoriker. Auch er hat es vermutlich nicht in die Wiege gelegt bekommen. So abgenutzt diese Wendung auch sein mag: Übung macht den Meister. Wer regelmässig Medientrainings absolviert, dürfte auch Vorteile haben in Debatten, bei Grussadressen und anderen öffentlichen Auftritten.

Eine Unsitte ist das Ablesen von Manuskripten. Flavio Cotti, von 1986 bis 1999 Bundesrat, war ein Meister darin. Fast alle anderen Menschen verlieren beim Ablesen aber an Präsenz, es tönt «papierig». In den ersten Jahrzehnten des jungen Bundesstaates war im eidgenössischen Parlament das Ablesen verboten. Die Politiker sprachen damals bis zu zwei Stunden – hielten also eigentliche Grundsatzreden –, und weil es noch keine Mikrofone und Lautsprecher gab, scharten sich die anderen Mitglieder jeweils um den Redner. Längst wird in der Schweizer Politik die Kultur des Redens nicht mehr gepflegt – bedauerlich. Die freie Rede wird heute auch sonst kaum noch praktiziert.

Medientauglichkeit

Ohne profunde Kenntnisse der Medien und ihrer Gesetzmässigkeiten sind in der Schweiz keine Wahlkämpfe mehr zu gewinnen. Einerseits geben die Medien die Formate vor, die politischen Akteure müssen sich anpassen. Die Medien selektionieren nach ihren eigenen Kriterien, wer für ein Streitgespräch oder ein Interview in Frage kommt. Andererseits sind es auch die Medien, die die Personalisierung der Politik vorantreiben. So hiess es im Mai 2002 in der medialen Verkürzung: «Bundesrat Deiss hat die Uno-Abstimmung gewonnen.»

Man mag diese Entwicklung verurteilen, aufzuhalten ist sie nicht. Die Medien geben die Themen, den Takt und den Stil vor. Eines der wichtigsten Kriterien: die Kürze. Die meisten Sendungen von Fernsehen und Radio, aber auch die Pendlerzeitungen konzentrieren sich auf das Oberflächliche. Neutraler formuliert: auf das schnell Verständliche und einfach Vermittelbare. In den 1990er-Jahren brachte die damalige Zürcher Stadträtin Ursula Koch die Radiojournalisten regelmässig in Rage, weil sie sich hartnäckig weigerte, die wichtigsten Punkte ihrer Entscheide oder Anliegen auf ein Statement von 20 oder 30 Sekunden Länge zu beschränken. In Deutschland, Grossbritannien und den USA ist längst eine Politikergeneration herangewachsen, die in so genannten «Soundbites» sprechen kann. Auf Deutsch dürfte das mit «markiger Ausspruch» zu übersetzen sein. Wer das nicht schafft, wird von den Medien nicht zur Kenntnis genommen.

Ein Kandidat tut gut daran, sich im stillen Kämmerlein die simple Frage zu stellen: «Bin ich medientauglich?» Wer die Antworten nicht scheut, fragt in seinem Umfeld oder bei Journalisten nach. Damit ist erst eine Grobanalyse zu machen, der grosse Rest ist Knochenarbeit und bedeutet üben, üben, üben. Die eigentliche

Formatierung der Politikdarstellung ist mit einiger Verspätung in der Schweiz angekommen. Die Gründe dafür liegen bei der späten Etablierung parteiunabhängiger Medien, dem weniger dominanten Einfluss des Mediums Fernsehen und der Konsenskultur, die die Schweizer Politik weiterhin prägt.

Die Verkettung auf den Punkt gebracht: Wer gewählt werden will, muss medientauglich sein. Wer medientauglich sein will, muss sich den Bedürfnissen der Medien anpassen – und üben. Wer nicht medientauglich ist, findet in den Medien nicht statt.

→ *Auftrittskompetenz, Arena, Kleidung, Medientraining, Statements*

Mundartregeln

In der deutschen Schweiz dominiert die Mundart auch die politische Bühne. Dabei gilt es ein paar Punkte zu beachten:

Verben wirken lebendiger und verständlicher als Substantive
falsch: «Zu de Analyse vo de Arbet vo de Findigskommission...»
richtig: «Zum d'Arbet vo de Findigskommission z'analysiere, ...»

Keine Partizipialkonstruktionen (Partizip Präsens)
falsch: «Nach ere sehr aaregende Diskussion hett...»
richtig: «Nach ere Diskussion, wo sehr aaregend gsii isch, hett...»

Immer das Relativpronomen «wo» verwenden
falsch: «De Samuel Schmid, de sitt 1999 Bundesrot isch, hett...»
richtig: «De Samuel Schmid, wo sitt 1999 Bundesrot isch, hett...»

In der Mundart gibt es kein Futurum
falsch: «Morn wird de Nationalrot en wiitere Kredit bschlüsse.»
richtig: «Morn bschlüsst de Nationalrot en wiitere Kredit.»

«Um zu», «damit» und «indem» tönen hölzern
schlecht: «Um politisch Druck z'mache, hett d Fraktion...»
besser: «Zum politisch Druck mache, hett d Fraktion...»

schlecht: «Si isch uf d Zechespitze gstande, damit si besser gseht.»
besser: «Si isch uf d Zechespitze gstande zum besser chönne gseh.»

schlecht: «Mitmache cha me, indem me grad jetzt aalüütet.»
besser: «Wer mitmache will, lüütet am beste grad jetzt aa.»

Tipp: Grussbotschaften, Reden, längere Voten usw. immer in derjenigen Sprache niederschreiben, in der sie vorgetragen werden sollen. In der Regel also Hochdeutsch oder Mundart. Gerade in der Mundart kann es ein Vorteil sein, keine ausformulierten Sätze, sondern lediglich Stichworte zu notieren. Ein entsprechend freieres und damit lebendigeres Vortragen des Textes dürfte das positive Ergebnis sein.

→ *Auftrittskompetenz, Medientauglichkeit, Statements, Worthülsen*

Negative Campaigning

«In war one can only be killed once,
in politics many times.» Winston Churchill

Unter Negative Campaigning in seinem ursprünglichen Sinn versteht man die direkte Attacke auf andere Parteien oder Kandidaten, in der Regel mit Inseraten, Plakaten und Werbespots im Fernsehen. Die Ursprünge des Negative Campaignings gehen ins alte Rom zurück. Schon damals wurden über Nacht Graffitis gegen Cäsar an die Hausmauern gemalt.

In den 1930er-Jahren gab es in der Schweiz etliche Pamphlete, die die politischen Gegner denunzierten, beispielsweise als Wilde mit Messern zwischen den Zähnen. Nach dem Zweiten Weltkrieg kehrte Ruhe ein und die Parteien und Kandidaten konzentrierten sich darauf, in Wahlen auf ihre Vorzüge hinzuweisen. In den 1990er-Jahren erinnerte sich die SVP des Kantons Zürich an die frontale Provokation als Stilmittel. Unvergessen sind die Attacken, die sie in Inseratekampagnen gegen «linke, nette und heimatmüde Parteien», später auch die «Weichsinnigen» fuhren.

Aus einer Erhebung der Universität Zürich geht hervor, dass 19 Prozent aller Inserate im eidgenössischen Wahljahr 1999 im Kanton Zürich so genannte «Negatives», also Attacken auf die Gegner, waren. Im Vergleich zu früheren Sujets und Kampagnen seien sie aber «ziemlich harmlos», schreiben die Autoren. In den USA waren bei den Präsidentschaftskampagnen seit 1992 jeweils weit mehr als 50 Prozent der Inserate und Werbespots «Negatives». Die Produzenten und Texter betonen, dass Negative Campaigning zwar ein unschönes Mittel sei, dafür aber sehr wirkungsvoll. Entscheidend für die Wirksamkeit ist, dass die Anwürfe nicht widerlegt werden können.

→ *Ein Beispiel von neuerem Negative Campaigning in der Schweiz finden Sie unter dem Schlagwort Plakatformate.*

Persönlichkeit

**«Mit einer Million Franken mache ich aus einem
Kartoffelsack einen Bundesrat.»** Rudolf Farner

Dieses Bonmot des Schweizer PR-Altmeisters schlechthin mag er-
heitern, in erster Linie ist es dumm. Auch weil es dem Ansehen
der Branche bis heute schadet. Aus einer «Nullnummer» wird kein
kluger, dossiersicherer, eloquenter und gewinnend auftretender
Kandidat. Selbst wenn viel Geld für Beratung und Kampagne vorhanden sein sollte.

Die Persönlichkeit wird oft als die wichtigste Ressource eines Kandidaten bezeichnet. Messbar ist sie nicht. Was Persönlichkeit genau
ist, darüber debattiert die Wissenschaft schon lange, oft inspiriert
von Psychologen wie Sigmund Freud und Carl Gustav Jung.

Personalisierung

Bis in die 1970er- und 1980er-Jahre waren in der Schweiz Milieu-
parteien am Werk. Die CVP stand ein für die Katholiken, die SP für
die Arbeiter, die FDP für die Freiberuflichen, die SVP für die Bauern
und Gewerbler. Seit sowohl der Kulturkampf wie auch der Klassen-
kampf überwunden sind, haben es die Parteien viel schwerer, ihre
Klientel bei der Stange zu halten. Früher war die Parteipräferenz
eines Bürgers eng verknüpft mit der Zugehörigkeit zu einem Milieu.
Das wurde lange Zeit unterstützt durch die Parteipresse, die dafür
sorgte, dass die Botschaften der eigenen Politiker die Menschen im
dazugehörigen Milieu erreichten. Bis Anfang der 1990er-Jahre hat
sich die Parteipresse aber aufgelöst, an ihre Stelle sind Forumszei-
tungen gerückt.

Weltweit hat das Leitmedium Fernsehen am meisten Einfluss auf
die Politik, das dürfte inzwischen auch in der Schweiz zutreffen.
Beim Fernsehen gelten eigene Regeln: Einschaltquote als wichtiger
Faktor, Infotainment und Performance statt Argumente. Die Lan-
cierung der «Arena» im Jahr 1993 hat die Entwicklung massgeblich
vorangetrieben. Seither wird vermehrt von der Personalisierung
der Politik gesprochen. Diese Entwicklung, die oft unter dem Stich-
wort Mediendemokratie diskutiert wird, hat die Privatradioszene
längst erfasst. Und auch die so genannt seriösen Printmedien ver-
schliessen sich ihr nicht.

Die Personalisierung der Politik ist inzwischen so weit gediehen, dass immer weniger Politiker regelmässig eine Plattform in der Öffentlichkeit erhalten. Die Selektionskriterien sind knallhart. Seit einigen Jahren ist es auch so, dass im Bundesrat überdurchschnittlich viele starke Figuren präsent sind – und aktiv(er) für ihre Parteien Wahlkampf betreiben. Früher rückte mit der Wahl in den Bundesrat die Parteizugehörigkeit eines Mitglieds in den Hintergrund. Bis Anfang der 1990er-Jahre wurden im Bundesrat auch die meisten Entscheide einstimmig gefällt.

Plakate

«Der beste Platz für einen Politiker ist das Wahlplakat. Dort ist er tragbar, geräuschlos und leicht zu entfernen.» Loriot

Das Plakat ist ein Klassiker in der Werbung. Seine Verknüpfung mit der Politik ist eng: Während und nach der französischen Revolution von 1789 erlebte das Plakat mit politischem Inhalt eine erste Blüte. Das wiederholte sich in den 1840er-Jahren, als in Europa die Nationalstaaten entstanden.

In der Schweiz haben Plakate ein gutes Image. Bei einer Erhebung 1997 fanden 70 Prozent der Befragten Plakatwerbung sympathisch oder sehr sympathisch. Im Jahr 2005 steigerte sich dieser Wert sogar auf 77 Prozent. Diese positive Einstellung gilt gesamtschweizerisch und erstreckt sich über alle Bevölkerungsgruppen.

Die Schweiz wird als das Plakatland schlechthin bezeichnet. In keinem anderen europäischen Land wird prozentual so viel Geld für Aussenwerbung ausgegeben. Das Wachstum hält seit nunmehr 20 Jahren an. Entsprechend wird das Angebot vergrössert: Die Stadt Zürich beispielsweise hat 2006 ihr Volumen für Plakate um 15 Prozent erhöht. So sind es inzwischen auf öffentlichem Grund 2100 Plakatstellen. Oberste Maxime ist die Verträglichkeit der Plakatierung mit dem Stadtbild. Plakatstellen sind dort anzutreffen, wo sie werbetechnisch und städtebaulich Sinn machen, Wohnzonen werden in der Regel ausgespart.

→ *Plakatformate, Plakatierung*

Plakatformate

Die Plakatierungsgesellschaften bringen regelmässig Innovationen auf den Markt. So ist in den grössten Bahnhöfen seit 2005 der Typ «Rollingstar» anzutreffen. Die Plakatflächen sind beleuchtet und werden alle paar Sekunden ausgetauscht. Die Bewegung zieht zusätzliche Aufmerksamkeit der Pendler auf sich.

Daneben gibt es Plakatformate, die vor vielen Jahren eingeführt wurden, aber weiterhin beliebt sind.

Tabelle A-2: **Die wichtigsten Plakat-Formate**

Bezeichnung	Typ	Breite	Höhe
Weltformat	F4	89,5 cm	128 cm
Cityformat (Normalplakat)	F200	116,5 cm	170 cm
Cityformat (Leuchtplakat)	F200 L	119 cm	170 cm
Breitformat	F12*	268,5 cm	128 cm

* Das Format entspricht 3 F4-Plakaten nebeneinander.

Plakatformat F12

Negative Campaigning: Als im Sommer 2003 die SP mit diesem Sujet aufwartete, entbrannte eine wochenlange Debatte über Stil und Anstand in der Politik. Negative Campaigning hat seine Ursprünge im Alten Rom, in der Schweiz wurde es zwischen den beiden Weltkriegen oft angewendet.
© *SP Schweiz / campa03 / SGD Communication / APG Affichage*

Cityformat F200 L (L = nachts beleuchtet)

Newcomerin vor dem Durchbruch: Als Barbara Hayoz von ihrer Partei nominiert wurde, bezeichnete man sie als Alibikandidatin. Neun Monate später überholte sie die männlichen Hauptkonkurrenten und zog in die Stadtberner Regierung ein.

© *Border Crossing / APG Affichage*

Plakatformat F4

Wirbel vor dem Aufbruch: Als Nationalrätin und Parteipräsidentin Doris Leuthard in ihrer Heimat als Werbeträgerin für die kantonalen Wahlen 2005 auftrat, generierte das eine grosse mediale Beachtung – ein Teil der Strategie. Die CVP Aargau legte um 2,6 % zu und gewann die Wahlen.

© *Border Crossing / APG Affichage*

Plakatierung

Die Städte und Gemeinden schliessen jeweils langjährige Verträge mit den Plakatierungsgesellschaften ab. Marktleader mit 75 Prozent ist die APG Affichage, der zweite grosse Anbieter heisst Clear Channel. Der Plakatmarkt wächst auch, weil die Mobilität der Schweizer stetig ansteigt. Die knapp vier Millionen Erwerbstätigen sind täglich im Schnitt 85 Minuten unterwegs. Im Auto, mit den öffentlichen Verkehrsmitteln, zu Fuss. Neun von zehn arbeiten nicht am selben Ort, wo sie wohnen. Diese Pendlerströme werden vom Medium Plakat am besten erreicht. Gemäss einer Umfrage sind es 61 Prozent der Erwerbstätigen.

Wie stark sich eine Plakatkampagne in Erinnerung ruft, hängt ab von folgenden Faktoren:

- Aushangdauer
- Aushangdichte
- Streuung
- Anzahl
- Format
- Gestaltung

Das Mass aller Dinge in der Plakatwerbung sind die so genannten «Gross Rating Points» (GRP). Die Reichweite multipliziert mit der Anzahl der Kontaktchancen pro Person ergibt das Total der Kontaktchancen für 100 Personen im Zielgebiet. Das klingt kompliziert, und deshalb empfehlen wir Ihnen auch, für die Buchung von Plakatstellen Spezialisten beizuziehen.

Zuweilen lohnt es sich, ausserhalb des eigenen Wahlkreises mit Plakaten präsent zu sein. Die FDP des Kantons Zürich beispielsweise liess schon im Bahnhof von St. Moritz Plakate aushängen.

Die Plakatierungsfirmen sind permanent daran, ihre Forschungsmethoden zu verfeinern. Die unabhängige Forschungsstelle Swiss Poster Research Plus (SPR+) beispielsweise rüstete im Jahr 2006 1800 Personen mit GPS aus. Mittels dieser Satelliten-Navigationsgeräte wurden sämtliche Wege der Probanden aufgezeichnet. Jedes Mal, wenn sie in Sichtkontakt zu einem Plakat kamen, wurde das registriert. Clear Channel, weltweit die Nummer 1 unter den Plakatierungsgesellschaften, hat für Frühjahr 2007 eine neue Forschungsmethode angekündigt. Für jede der 17'000 Clear Channel-Anschlagstellen in der Schweiz will man eruieren, wie viele Menschen welcher Kaufkraftklasse zu Fuss, in Autos oder in öffentlichen

Verkehrsmitteln zu welcher Tageszeit und in welcher Funktion (Arbeitsweg, Einkaufen, Freizeit) daran vorbeikommen.

Plakatkampagnen weisen ein günstiges Kosten/Nutzen-Verhältnis auf. Die Preise differieren saisonal und nach Region. Politische Werbung geniesst bei der APG Affichage einen Rabatt von 25 Prozent. In den Städten operieren Firmen, die den Aushang kleinformatiger Plakate übernehmen, z.B. an Kandelabern und Bushaltestellen. Die so genannte wilde Plakatierung wiederum ist auf dem öffentlichen Grund in jedem Kanton, zum Teil sogar in jeder Gemeinde anders geregelt. Auf privatem Grund dürfen Plakate ausgehängt werden, als Faustregel werden sechs bis acht Wochen vor dem Wahltermin vermutlich überall toleriert. Das Einhalten dieser Fristen wird von der Konkurrenz jeweils mit Argusaugen kontrolliert, und regelmässig entbrennt irgendwo ein Plakatstreit.

«Wild» plakatiert wird z.B. an Scheunentoren, vielfach auch an speziell angefertigten Konstruktionen aus Holz, die den Strassen entlang montiert werden. Wie erwähnt: Privatbesitz ist das Kriterium.

Viele Gemeinden stellen ihren Parteien die letzten vier Wochen vor einem Wahltermin unentgeltlich Plakatstellen zur Verfügung. Diese werden in der Regel an neuralgischen Stellen platziert. Für die Reservation ist allerdings in der Regel nicht die Gemeinde zuständig, sondern die konzessionierten Plakatierungsfirmen, meistens APG Affichage oder Clear Channel. Wer zu spät plant, hat das Nachsehen – und den Spott der Konkurrenz auf sicher.

Gratis-Plakatierung: Viele Gemeinden stellen den Parteien in der heissen Phase des Wahlkampfs zusätzliche Plakatflächen zur Verfügung.
Foto: Balsiger

Postkarten

Postkarten gehören gemäss unserer Kosten-Nutzen-Analyse zu den besten Werbemitteln einer Kampagne. Die Produktion solcher Drucksachen ist verhältnismässig günstig. Sie sind handlich und passen in fast jede Jacke oder Handtasche – allzeit bereit. Die Vorderseite der Postkarte können Sie wie das Plakat gestalten lassen, auf die Rückseite kommen beispielsweise ergänzende Informationen oder Kernaussagen.

- Die Standard-Formate:
- A6 (148 x 105 mm; die klassische Postkarte)
- A5 (210 x 148 mm)
- A6/5 (210 x 105 mm; das Panoramaformat)

Ein stets wiederkehrendes Thema ist die Dicke des Papiers. Wer sich für eine Dicke bis etwa 200 g/m^2 entscheidet, muss damit umgehen können, dass die Postkarte billig wirkt. Die klassische Postkarte am Kiosk hat eine Papierdicke von 250 bis 330 g/m^2.

Elektronische Postkarten, so genannte E-Cards, sind eine ergänzende Möglichkeit, für sich zu werben.

Kampagnen-Klassiker: Die gedruckten Postkarten bleiben trotz Websites, Blogs und E-Cards eine oft verwendete Drucksache, hier das Panoramaformat.

© *Border Crossing*

Postwurfsendung (Direct Mail)

In politischen Kampagnen kommen Postwurfsendungen relativ oft zum Zug. Eine Massendrucksache wird in einem zuvor definierten Gebiet unadressiert verteilt – in Briefkästen und/oder Postfächer. Die Verteilung übernehmen:

- die Post
- private Firmen aus dem Direkt-Marketing-Bereich
- Schüler, Parteikollegen usw.

Politische Werbung darf auch in Briefkästen mit einem Aufkleber «Keine Werbung» gesteckt werden. In jedem Fall ist der Streuverlust aber gross. Einerseits, weil viele der Empfänger nicht stimmberechtigt oder typische Nichtwähler sind. Andererseits, weil die Masse an Werbung zu einem sehr selektiven Auswahlprozess geführt hat. Vielfach werden Massendrucksachen ungelesen entsorgt.

Option: Die Massendrucksachen beispielsweise in eine Lokalzeitung einstecken lassen.

Profis

In der Schweiz sind ungefähr 700 PR-Agenturen tätig. Die Hälfte davon sagt von sich, gelegentlich bei Wahlkämpfen mitzuwirken. Wahlkampf-PR fristet aber ein Mauerblümchendasein, das grosse Geld ist damit nicht zu verdienen. Allerdings ist auffällig, dass zumindest die grossen Parteien auf Bundesebene und im Kanton Zürich regelmässig auf Profis zurückgreifen.

Grundsätzlich ist zu unterscheiden zwischen PR-Techniker und PR-Berater. Die «Techniker» sind Kreative, beispielsweise Grafiker, die eine Werbelinie entwickeln. Viele Kandidaten ziehen Werbeagenturen bei, um ihre Drucksachen gestalten zu lassen. PR-Berater wiederum werden für die Konzeption und Strategie einer Kampagne engagiert.

Die Profis sind entweder mit einer Pauschale oder nach Stundenaufwand zu bezahlen. Die Honorare richten sich nach den Empfehlungen der Branche. Bei den arrivierten Agenturen sind Wahlkämpfe ein Nischengeschäft, das keine zehn Prozent des Umsatzes ausmacht. Vielfach wird es als Gefälligkeit angesehen, in einer bereits bestehenden Geschäftsbeziehung auch noch punktuelle Unterstützung im Wahlkampf anzubieten.

Bei den Kreativen ist ein Honorar zwischen 120 und 160 Franken pro Stunde die Regel.

Exemplarisch die Gestaltungskosten für ein Plakat im Format F4 (Weltformat):

Arbeitsschritte	Franken
Auftragsvorbereitung und Planung	220.–
Konzeption und Entwurf	2560.–
Detailgestaltung und Ausführung	2560.–
Realisation und Produktionsüberwachung	880.–
Total grafische Gestaltung	*6220.–*

Auf den ersten Blick mag diese Summe hoch erscheinen. Ziehen Sie aber in Betracht, dass der kreative Prozess zeitaufwendig ist und oftmals viele kurzfristige Änderungen und neue Gestaltungswünsche seitens des Kunden dazukommen, ist sie angemessen. Kommt dazu, dass das Plakat die Linie für alle weiteren Werbemittel vorgeben sollte, folglich nur noch adaptiert werden muss.

Rundbriefe

Vereinzelt setzen eidgenössische Parlamentarier seit Jahren auf Rundbriefe, die beispielsweise nüchtern «Brief aus dem Parlament» heissen. Jeweils am Ende einer Session fassen Sie die wichtigsten Debatten und Entscheide zusammen und ergänzen sie mit ihrer subjektiven Wahrnehmung. Ihre Rundbriefe gehen an Verwandte und Bekannte, Medienschaffende, Fans und Sponsoren. Sie vermitteln eine andere Perspektive des Ratsbetriebes und sind darum für die Empfänger wertvoll. Für die Verfasser bedeutet ein Rundbrief ein paar Stunden Aufwand, gleichzeitig aber auch «Kundenbindung» auf Jahre hinaus. Auch das ist permanenter Wahlkampf.

Rundbriefe können natürlich auch elektronisch versandt werden, allerdings dürften sie aufgrund der Spam-Filter und allgemeinen Überflutung von E-Werbung bedeutend weniger Empfänger erreichen als auf dem konventionellen Postweg.

→ *Postwurfsendung, Wahlempfehlungsbriefe*

Slogans

Aus der angelsächsischen Welt kennen wir einen Slogan, der immer wieder erwähnt wird:

«It's the economy, stupid.»

Dieser Slogan ist zu übersetzen mit: «Auf die Wirtschaft kommt es an, Dummkopf.» Er wurde 1992 in der Clinton-Kampagne lanciert und spielte auf die chronische Erfolglosigkeit von Präsident George Bush an. Dieser hatte 1988, als Nachfolger von Ronald Reagan installiert, mehr Jobs versprochen. Allein, er schuf nicht mehr. In grossen Ländern spielt in Wahlkämpfen die wirtschaftliche Situation eine entscheidende Rolle, nicht so in der Schweiz.

Wir sammeln seit 1989 politische Slogans aus der Schweiz. Drei Kreationen aus unserer Top-10-Rangliste:

- **«Sei kein Frosch und geh an die Urne.»**
- **«Mehr Filippo. Weniger Staat.»**
- **«Ich kandidiere für den Nationalrat, weil ich 2004 Gemeinderat werden will.»**

Ob Frosch, Filippo oder forsch, gute Slogans sind rar. Im Gegensatz zu Deutschland kennt die Schweiz keine Tradition mit überraschenden Drehs oder Ohrwürmern. Die meisten Slogans sind austauschbar, holprig, nicht ausgereift – oder sie thematisieren Allgemeinplätze. Die Halbwertszeit beträgt bestenfalls ein paar Wochen.

Die politisch Interessierten in der Schweiz kennen einen Slogan, der sich hartnäckig hält:

«Mehr Freiheit, weniger Staat.»

Er stammt aus der Küche der FDP und wurde 1979 lanciert. Das Original war allerdings länger, es lautete: «Mehr Freiheit und Selbstverantwortung, weniger Staat.» Die Kurzversion wird Jahr für Jahr wieder bemüht, vielfach auch abgeändert.

Was macht einen guten Slogan aus? Der Werber Lahor Jakrlin sagte es einmal so: «Der Slogan muss eine Seele haben. Er muss wahr sein und das umworbene Objekt auf eine sympathische und überraschende Weise umschreiben.» Weiter brauche ein nachhaltiger Slogan einen Reim, eine innere Melodie. Gute Slogans können frech sein. Ironie hingegen wird von vielen Menschen nicht verstanden.

Smartvote

Wollte der interessierte Wähler sich über Programme und Positionen von Parteien und Kandidaten informieren, so war das früher eine sehr aufwendige und zeitraubende Tätigkeit. Heutzutage ist das anders. Die Suche nach politischen Positionen, die mit denen des Wählers möglichst weitgehend übereinstimmen, kann der Computer übernehmen. Voraussetzung dafür ist eine Datenbank, welche die Kandidaten und Parteien möglichst vollständig erfasst.

In der Schweiz hat sich dafür die Smartvote-Wahlhilfe etabliert. Smartvote wurde von einem Wissenschaftler-Team konzipiert und wird ständig weiterentwickelt. Erstmals kam es bei den Nationalratswahlen 2003 zum Einsatz. Neben den nationalen Wahlen wurden seither auch zahlreiche kantonale und kommunale Urnengänge begleitet.

Wie funktioniert Smartvote? Kernpunkt ist ein Fragebogen mit aktuellen Fragen zu allen wichtigen politischen Sachgebieten. Dieser Fragebogen wird von den Kandidaten ausgefüllt und von Smartvote online zugänglich gemacht. Die interessierten Wähler können diesen Fragebogen – oder einzelne Fragen daraus – ebenfalls ausfüllen und sich anschliessend mit den Kandidaten vergleichen. Gleichzeitig lassen sich Listen mit den höchsten prozentualen Übereinstimmungen erstellen.

Bei den Nationalratswahlen 2003 nahmen in der Deutsch- und Westschweiz 1'419 von 2'803 Kandidaten an Smartvote teil. Im Tessin konnte die Wahlhilfe noch nicht angeboten werden. Entscheidend ist der Zugriff seitens der Wähler. Über 250'000 Personen liessen sich anlässlich der Wahlen 2003 eine Smartvote-Wahlempfehlung erstellen. Bei der rasanten Entwicklung des Internets kann bereits heute ein nochmals gesteigertes Interesse prognostiziert werden.

Unsere Analysen zeigten, dass die Teilnahme an der Smartvote-Wahlhilfe zum Wahlerfolg eines Kandidaten beitragen konnte. Um Panaschierstimmen von den Listen anderer Parteien zu erhalten, war Smartvote sogar das wichtigste Werbemittel. Insgesamt erhielten Smartvote-Teilnehmer im Schnitt fünf Prozent mehr Panaschierstimmen als Nichtteilnehmer.

Bedenkt man den geringen zeitlichen und finanziellen Aufwand, sollte auf die Teilnahme an Smartvote nicht verzichtet werden. Insbesondere jüngere und weniger bekannte Kandidaten können so Wähler erreichen, die sonst nicht auf sie aufmerksam würden.

Sprechmarotten

Im Alltag haben sich bei uns Sprechmarotten eingeschlichen, die oft gedankenlos gebraucht werden – anstelle von präzisen Aussagen. Dabei gibt es keine Zweifel: Der Absender ist alleine verantwortlich dafür, dass seine Botschaft so ankommt und verstanden wird, wie er sie «abgeschickt» hat. Der Empfänger sollte nicht gezwungen sein, die Aussage des Absenders zu interpretieren. Wenn er interpretieren muss, haben Sie als Kommunikator versagt und Ihre Chance vertan, präzise wahrgenommen zu werden.

Eine Anregung: Durchforsten Sie Ihr Vokabular, hören Sie Ihren eigenen Aussagen in einer ersten Phase genau zu. Werfen Sie darauf unpräzisen Ballast konsequent ab. Ein paar Beispiele:

- **«Wenn ich ganz ehrlich sein will...»**
  Impliziert, dass Sie sonst nicht ehrlich sind.

- **«An und für sich...»**
  Relativiert Ihre Aussage enorm.

- **«Eigentlich...»**
  Zum Beispiel: «Eigentlich war es ein ganz netter Abend gestern bei Meiers.» Die Aussage dieses Satzes ist, dass es womöglich ein ziemlich mühsamer oder langweiliger Abend war. Oder beides.

- **«Ich möchte...»**
  Zum Beispiel: «Ich möchte Sie begrüssen...», «Ich möchte Ihnen danken...» Das ist die so genannte Konjunktivseuche, die vor allem in der Politik weit verbreitet ist. Worauf warten Sie? Sprechen Sie «fadegrad». Begrüssen oder danken Sie! Der Konjunktiv darf zu Hause bleiben.

Weitere Sprechmarotten:
- «Ich denke...»
- Regelmässiger Wechsel von Hochdeutsch in die Mundart und umgekehrt
- «undundund»

→ *Auftrittskompetenz, Medientraining, Mundartregeln, Worthülsen*

Statements

Ein Statement ist eine kurze, in sich geschlossene Stellungnahme, die zwischen 15 und 45 Sekunden dauert. Sie wird in einen Radio- oder Fernsehbeitrag eingebettet. In der Regel wird das Statement mit einer Frage eingeleitet, die im Beitrag dann aber wegfällt. Oft wählt ein Journalist eine Aussage aus einem Interview als Statement.

Wichtig ist auch beim Statement die Vorbereitung. Klären Sie Sendegefäss, Konzept, Sprachebene, Länge usw. ab. Was kommt vor meinem Statement? Wer wird auch noch befragt?

Kürze ist gefragt. Üben Sie 30-Sekunden-Beiträge. Deshalb: Keine Einleitungen, keine Begrüssungen, keine Beurteilung der Frage. Bringen Sie Ihre Meinung sofort und klar verständlich auf den Punkt!

Das Dreischritt-Modell

Für einen klaren Aufbau des Statements hat sich das so genannte Dreischrittmodell bewährt:

1. **Ist-Zustand**
   (Meinung / Wer hat was gesagt bzw. Situation schildern)

2. **Zentrale Kernaussage**
   (Argument / Begründung verbunden mit einem passenden Bild oder Beispiel)

3. **Appell**
   (Wiederholung / Zusammenfassung)

Anregungen für einen gelungenen Auftritt

- Formulieren Sie frei (das sogenannte «Sprechdenken»). Text nie auswendig lernen, und wenn, dann höchstens den ersten und letzten Gedanken.

- Reden Sie zu einer Person hinter der Kamera (möglicherweise nur imaginär). Sind Sie allein, stellen Sie sich den Adressaten als die 75-Jährige Nachbarin vor.

- Sprechen Sie zu dieser Person (Blickkontakt wahren, aber nicht starren).

- Bleiben Sie am Schluss stehen – Blickkontakt still beibehalten – warten. Die Schlusspause ist wichtig zum Schneiden.

- Misslingt das Statement oder sind Sie mit dessen Aussagen unzufrieden, lassen Sie es wiederholen. Darauf haben Sie Anrecht.

- Sehen Sie sich den Beitrag an. Sprechen Sie allfällige Kürzungsmöglichkeiten ab.

- Wissen Sie, wie lange 30 Sekunden dauern? Kaum. Üben Sie deshalb «trocken» geschlossene Aussagen dieser Länge, damit Sie ein Gefühl für die Zeit entwickeln.

- Trotz Zeitdruck: sich bewusst antizyklisch verhalten (Zäsuren, Pausen machen, angemessenes Tempo). Stets eine bildhafte Sprache verwenden und auf keinen Fall schneller sprechen.

- Der letzte Satz hallt nach.

- KISS = Keep it simple and short.

Wir empfehlen Ihnen grundsätzlich, dass Sie sich auf eine einzige Aussage bzw. eine markante Botschaft beschränken.

→ *Auftrittskompetenz, Aussehen, «Arena», Medientraining*

Stimmabgabe

Die Einführung der brieflichen Stimmabgabe in den 1990er-Jahren hat den Wahlkampf verändert. Früher steigerten sich die Aktivitäten bis zum Wahltag stetig, inzwischen wird die Spitze in der Regel schon früher erreicht. Die Wahlunterlagen müssen spätestens drei Wochen vor dem Wahltermin bei den Stimmberechtigten eintreffen, viele Kanzleien sind dazu übergegangen, die Unterlagen drei bis fünf Wochen zuvor auszuliefern.

Nicht wenige Kandidaten betreiben ihren Werbeaufwand genau an den Tagen, an denen die Wahlunterlagen eintreffen, am intensivsten. Die verkürzte Folgerung: In dieser Phase schalte ich grosse Inserate, was automatisch zu vielen Stimmen führt. Dass diese Rechnung aufgeht, ist bislang nicht bewiesen worden. Sicher ist einzig, dass der Wähler seine Entscheidung aufgrund von vielen Faktoren und Impulsen fällt. Sie werden über Jahre gespeichert, die Präferenzen gehen auch heute noch zumeist bis in die Kindheit zurück.

Strassenwahlkampf

Standaktionen sind die häufigste Form des Strassenwahlkampfs. Vor Einkaufszentren oder in Bahnhöfen werden Drucksachen verteilt, Unterschriften gesammelt oder den Passanten kleine Werbegeschenke mitgegeben. Grundsätzlich gilt: Je flüchtiger der Kontakt, desto geringer die Chancen auf zusätzliche Stimmen. Fälschlicherweise wird die Anzahl Flugblätter oder Feuerzeuge, die verteilt wurden, als messbares Kriterium für den relativen Erfolg einer Aktion herbeigezogen.

Ein Kandidat, der sich im Strassenwahlkampf bekannter machen will, muss unzählige Aktionen durchführen. Die Zürcher Regierungsratskandidatin Ursula Gut war im Frühjahr 2006 während Wochen fast jeden Abend und jeden Samstag mindestens eine Stunde auf der Strasse. Ihre Partei, die FDP, hatte quer durch den Kanton die Standaktionen geplant. So kam Gut in Kontakt mit der Parteibasis in den Gemeinden, aber auch mit anderen potenziellen Wählern.

Bei solchen Aktionen sollte im Voraus eine nüchterne Kalkulation von Aufwand und Ertrag gemacht werden. In 60 Minuten verteilt ein Kandidat problemlos mehrere hundert Flugblätter – mit einem repetitiven «Danke!» oder «Voilà!» Ein paar Sekunden später sind viele der Flugblätter auf dem Boden oder im nächsten Mülleimer gelandet – ungelesen. Will der Kandidat tatsächlich neue Stimmen gewinnen, ist das nur mit persönlichen Gesprächen zu erreichen. Das heisst, die Kontakte schrumpfen auf vielleicht ein oder zwei Dutzend pro Stunde. Wer talentiert ist in Small Talk und in der ungezwungenen Interaktion mit Passanten jeglichen Alters und sozialer Herkunft, sollte sich dennoch ein paar Abende oder Samstage für solche Aktionen Zeit nehmen. Aus unserer Erfahrung sind sie gut für die Motivation eines Kandidaten und seiner Crew. Die vielen Rückmeldungen geben Auftrieb, in Stimmen ummünzen lassen sie sich kaum.

Weitere Formen von Strassenwahlkampf sind mobile Verteilaktionen oder Sandwich-Männer, die sich mit je einem Plakat auf dem Rücken und vor der Brust durch gut frequentierte Strassen bewegen. Die CVP Schweiz setzte im Spätsommer 2003 auf eine Roadshow. Samstag für Samstag machte sie in einer Stadt Halt, eines der beiden Bundesratsmitglieder sprach zur Menge, meistens auch eine regionale Parteigrösse, Bratwürste wurden gebraten und Dixiejazz in die Luft hinausgeschmettert. Die orangen Zahnbürsteli, bereits heute eine Legende, fehlten nie. Die Stimmung war in der Regel aufgeräumt. Fazit aus unserer Sicht: Überall dort, wo die Medien darüber berichteten, hat sich der Aufwand gelohnt.

Telefonmarketing

In den USA hat Telefonmarketing eine jahrzehntelange Tradition, auch im Wahlkampf. Millionen von Amerikanern hatten schon George W. Bush am Telefon. Wenn auch nicht live, so doch seine auf Band aufgezeichnete Stimme. In der Schweiz war es die SVP des Kantons Zürich, die im November 2006 erstmals einen Versuch mit Telefonmarketing machte. Rund 5000 ausgewählte Personen wurden gleichzeitig angerufen und hörten alsbald die Stimme von Parteipräsident Ueli Maurer, der sich für ein Nein zum Osthilfegesetz stark machte. Die Reaktionen auf diese Aktion fielen, Medienberichten zufolge, unterschiedlich aus.

Unterstützungskomitee

Im Vorfeld von Abstimmungen werden sehr oft Unterstützungskomitees gegründet, die dann mehr oder weniger engagiert für oder gegen eine Vorlage kämpfen. Bei Kandidaturen sind solche Komitees seltener anzutreffen. Gross und breit abgestützt, können sie ein wichtiger Faktor im Wahlkampf sein. Die Mitglieder müssen nicht aktive Wahlhelfer sein, die Samstag für Samstag auf der Strasse Flugblätter verteilen. Sie sind wichtiger als Multiplikatoren. So haben sie, richtig instruiert und eingesetzt, die Möglichkeit, ihr eigenes Umfeld für Ihre Kandidatur zu sensibilisieren. Wer im eigenen Wahlkreis noch nicht so bekannt ist, kann das mit der Hilfe eines Unterstützungskomitees zügig ändern.

→ *Wahlkampfstab*

Veranstaltungen

Sich in der Öffentlichkeit zeigen, Grussbotschaften übermitteln, möglichst viele Hände schütteln, Werbematerial verteilen, netzwerken – so machen Sie sich als Kandidat bekannter. Die Teilnahme an Veranstaltungen ist zeitintensiv. Viele bezeichnen wir als so genannte Null-Anlässe. Wenn der Publikumsaufmarsch gering ist oder keine Medien präsent sind, lohnt sich die Teilnahme vermutlich nicht. Parteiversammlungen, die seit Jahrzehnten immer nach demselben Muster stattfinden, und Podien, die nicht kontradiktorisch geführt werden, ziehen schon lange nicht mehr.

Hier wünschte man sich von den Parteien, dass sie den Mut für Neues hätten. Wenn Sie mit Ihrem Wahlkampfstab selber eine Veranstaltung ins Auge fassen, stehen zuerst folgende Fragen im Zentrum:

- Wen wollen wir ansprechen?
- Wie sieht das Verhältnis Aufwand und Ertrag aus?
- Welches sind die allfälligen Gefahren?

Vlog

Vlogs sind Videoblogs, also Tagebucheinträge bzw. Ansprachen in die Videokamera. Die Vlogs werden jeweils auf die eigene Website geladen. Die deutsche Bundeskanzlerin Angela Merkel nimmt sich einmal pro Woche die Zeit, eine Videobotschaft aufzunehmen. Darunter finden sich die Neujahresansprache genauso wie ihre Ideen zur Mittelstandsoffensive oder Gesundheitsreform. In der Schweiz sind Vlogs im Kommen, wo allerdings die Qualität durchschnittlich bis schlecht ist, dürften sie sich kontraproduktiv auswirken.

Wahlempfehlungsbriefe

Persönliche Wahlempfehlungsbriefe sind eine Weiterentwicklung der Direktwerbung. Es sind persönlich adressierte und von Hand unterzeichnete Briefe, die Personen aus dem eigenen Umfeld geschickt werden, um für die eigene Kandidatur zu werben. Ergänzend können Sie versuchen, einen Schneeballeffekt zu erreichen, indem Menschen aus Ihrem Umfeld wiederum für Ihre Kandidatur werben.

Die persönliche Anschrift hat den grossen Vorteil, dass gegen 100 Prozent der Empfänger Ihren Brief auch öffnen. Nach dem Öffnen tastet das menschliche Auge den Brief nach einem bestimmten Raster ab. Das nennt man die Lesekurve. Innert Sekunden fällt der Entscheid:

- «Interessiert mich» = weiterlesen
- «Interessiert mich nicht» = Papierkorb

Es bestehen ergänzende Möglichkeiten, Adressen z.B. nach soziodemographischen oder geografischen Kriterien einzukaufen. Der Effekt beim Empfänger ist aber in jedem Fall schwächer, weil in aller Regel keine persönliche Beziehung zu Ihnen als Absender besteht. So kommt der «Wählen-Sie-mich»-Appell weniger eindringlich an.

Wahlkampf

Die «Neue Zürcher Zeitung» hatte Anfang des 21. Jahrhunderts einmal gefragt, ob es den Wahlkampf in der Schweiz überhaupt gebe. Parteipräsidenten wiederum eröffnen landauf, landab ebendiesen Wahlkampf. Zumeist an Nominationsveranstaltungen. Und schaut man hernach auf den Manuskripten nach, findet man nach dem Schlusssatz, der in den Saal geschmettert wird, meistens ein Ausrufezeichen.

Wir definieren Wahlkampf wie folgt:

Der Wahlkampf umfasst alle Aktivitäten eines Politikers oder einer Partei, die während der letzten zwölf Monate vor dem Wahltermin unternommen werden.

Im grossen Stil wird der Wahlkampf zumeist erst in den letzten Wochen oder Monaten vor dem Wahltermin sichtbar. Mitunter beschleicht einem in solchen Phasen das Gefühl, es seien plötzlich alle gleichzeitig erwacht. Bei den Amerikanern gilt:

«Every day is election day.»

Übersetzt: Jeder Tag ist Wahltag. Womit wir beim viel bemühten permanenten Wahlkampf sind. Dieser wird oft mit den Inseratekampagnen der Zürcher SVP gleichgesetzt, als diese noch regelmässig zum Buurezmorge und anderem einlud – finanziert durch den grössten Autoimporteur der Schweiz, Walter Frey, bis 2002 selber Nationalrat.

Der permanente Wahlkampf hat aber mit dem gekauften Inserateraum nur beschränkt zu tun. In der Schweiz hat ihn nicht etwa die SVP eingeführt, sondern Peter Bodenmann und André Daguet. Das SP-Führungsduo – Bodenmann als Präsident, Daguet als Generalsekretär – legte in der ersten Hälfte der 1990er-Jahre im politischen Diskurs ein hohes Tempo vor, besetzte über Nacht neue Themen, stets mediengerecht lanciert und verpackt. Die Konkurrenz konnte nicht mithalten, die eigene Mannschaft allerdings auch nicht.

Wahlkampfstab

Ein Wahlkampfteam ist kein Fanclub und kein Unterstützungskomitee, sondern eine Mannschaft, die Sie in Ihrem Wahlkampf kritisch, aber stets auch motivierend begleitet. In der Regel sind kleine Teams schlagkräftiger. Bei der Zusammenstellung ist wichtig, dass Personen dabei sind, die einerseits in Ihrem Gebiet versiert, andererseits verlässlich sind.

Als Kandidat sollten Sie den Rücken komplett frei haben. Dem Wahlkampfleiter wiederum müssen Sie blind vertrauen können, er ist hierarchisch den anderen Mitgliedern vorangestellt. Er plant und koordiniert, die Entscheidungen fällt er in Absprache mit Ihnen. Wir empfehlen es nicht, dass einzelne Mitglieder mehrere Chargen übernehmen, der Kandidat wiederum sollte nicht gleichzeitig die Wahlkampfleitung innehaben. Die Arbeit in einem kleinen Wahlkampfteam ist etwas vom spannendsten in der Politik, wird aber nicht bezahlt. Die Ausnahme dazu bildet ein Wahlkampfspezialist, der punktuell beigezogen wird oder ein festes Mitglied des Teams ist. Letztlich ist das eine Frage der Finanzen.

Mögliches Organigramm eines Wahlkampfstabs:

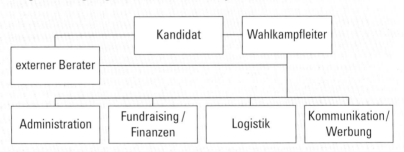

→ *Budget, Profis, Unterstützungskomitee*

Wahlzeitung

Viele Parteien und etliche Kandidaten geben in der heissen Phase des Wahlkampfs eine Wahlzeitung heraus. Diese wird aufgelegt, verschickt, im Strassenwahlkampf verteilt – und nicht selten enden Zehntausende von Exemplaren originalverpackt im Altpapier. Eine derartige Zeitung, die sich mit unzähligen Tages- und Wochenzeitungen, Zeitschriften und Kundenmagazinen messen will, muss sehr gut gemacht sein. Inhaltlich wie von der Gestaltung her. Das bedingt viel Zeit, professionelle Schreiber, Layouter und – Geld. Sich alle vier Jahre einmal in einem Bereich zu versuchen, in dem andere seit Jahrzehnten tätig sind, hat wenig Chancen auf Erfolg.

Als weniger kostspielige und wirkungsvollere Alternativen bieten sich Broschüren oder Flyer an. Vielfach haben Parteien auch die Möglichkeit, ihre Propaganda im amtlichen Couvert beilegen zu lassen. Auch wenn das Propagandamaterial vielfach verschweisst beigelegt wird, lohnt es sich in jedem Fall, von dieser Werbemöglichkeit Gebrauch zu machen. Wer wählt – das sind bei eidgenössischen Wahlen immerhin deutlich mehr als 40 Prozent –, dürfte auch mehrheitlich die Drucksachen im amtlichen Couvert kurz anschauen.

Weblog

Ein Weblog ist ein Kunstwort, zusammengesetzt aus «Web» und «Logbuch». Genauso wie der Kapitän auf hoher See ein Logbuch führt, ermöglicht das Weblog periodisch Einträge auf einer Website. Der grosse Unterschied: Auf See schreibt nur einer, im Weblog können theoretisch Millionen von Internetnutzern mitschreiben. Interaktivität, Tempo und kostenloser Zugriff machen den Blog, wie er kurz genannt wird, zu einem faszinierenden Medium.

Das Potential von Weblogs ist gross. Man geht davon aus, dass sie auch in der Schweiz zu alltäglichen Medien der Unternehmenskommunikation werden. Swisscom hat einen aufgeschaltet, Nestlé ebenso. Der Kärntner Landeshauptmann Jörg Haider hat einen eigenen Blog, seine Einträge beginnen stets mit «Liebe Freunde» und enden mit «Euer Jörg». Der iranische Präsident Mahmud Ahmadinedschad schreibt ebenfalls regelmässig in sein Online-Tagebuch – in Persisch, Arabisch und Französisch. Damit steht er in Konkurrenz zu 100'000 persischen Blogs, die mehrheitlich von Exil-Iranern verfasst werden und so die Zensur in ihrer Heimat umgehen wollen.

Die Blogs, verschiedentlich als «virtuelle speakers corners» bezeichnet, haben sich innerhalb kurzer Zeit den Ruf eingehandelt, die «Pissoirwände des Internets» zu sein. Das US-Wirtschaftsmagazin «Forbes» nannte sie eine «Plattform für einen lynchenden Pöbelhaufen, der Freiheit schreit, aber Lügen, Beleidigungen und Beschimpfungen speit».

Das ist die eine Seite, die andere: Einzelne Blogs, vorab in den USA, haben eine hohe Glaubwürdigkeit erlangt. Sie sind zwar per Definition subjektiv, wagen aber die Analyse und versuchen, zum Kern einer Sache zu gelangen. Innerhalb der «Reservearmee an unbezahlten Forschern» findet sich meistens jemand, der wirklich etwas von der Sache versteht. Amerikanische Blogger können sich in ein Thema verbeissen und eine ungeheure Dynamik entwickeln. Nicht selten fliegen Lügen und Fälschungen auf. Blogs haben das Potential, gewöhnliche Leute politisch zu mobilisieren. Blogs sind die Waffe des kleinen Mannes, der gegen Mächte, Medien und Multis anschreibt – geschützt von der Anonymität.

Blogs sind inzwischen selber eine Macht. Blogger können heute Unternehmen zerstören oder Politiker zum Rücktritt zwingen – alles schon passiert. Seit Herbst 2005 wird auch in der Schweizer Politik über Weblogs diskutiert. Ein paar wenige Politiker haben sich schon mit eigenen Blogs versucht, die meisten schliefen nach ein paar Monaten mangels Input oder Nachfrage wieder ein. Das Problem: Die Einträge stossen selten eine echte Debatte an. Die meisten beschränken sich auf ein langweiliges Abhandeln darüber, wo wie viele Luftballone verteilt wurden und wie motivierend die Rückmeldungen auf das Referat im «Bären» waren.

Weblogs sind zweifellos ein ergänzendes Medium für politische Kampagnen. Das Publikum lässt sich so schnell und direkt ansprechen. Der übliche Filter der Redaktionen entfällt – ein riesiger Bonus. Bloss entscheiden vorläufig die etablierten Medien, ob etwas Thema wird. Die Blogs dürften nur dann eine gewisse Relevanz und Aufmerksamkeit erreichen, wenn die klassischen Medien in ihrer Berichterstattung darauf eingehen. Der Erfolg von Blogs hängt auch von der Anzahl Links ab, die im Netz auf sie aufmerksam machen. Wer wenig verlinkt wird, wird in der rasant wachsenden Anzahl von Weblogs und Bloggern gar nicht wahrgenommen.

→ *Internet-Auftritt, Medien*

Worthülsen

Politiker stehen im Verdacht, viel warme Luft abzusondern. Ein eindrückliches Beispiel dafür:

> *«Wenn die Angelegenheit mit gesundem Menschenverstand angegangen wird und alle am gleichen Strick ziehen, so ist dies gewiss der erste Schritt in die richtige Richtung. Ich würde meinen: Es geht vorab darum, gemeinsam das nämliche Ziel anzustreben, getragen vom Willen, anstatt zu diskutieren, Hand anzulegen. Denn: Wer der Zukunft ins Auge blickt, stellt fest: Am Ende des Tunnels wird es immer wieder hell.»*

Unsere Empfehlung, die auch als Bitte interpretiert werden darf: Reden Sie nicht. Sagen Sie etwas.

→ *Auftrittskompetenz, Sprechmarotten*

Zeit

«Die wichtigste Ressource im Wahlkampf ist Zeit.» Mit dieser Aussage sorgen wir zum Auftakt einer Zusammenarbeit mit Kandidaten meistens für Irritationen. Die Realität zeigt aber, dass diese Aussage keine Provokation ist. Die meisten Kandidaten stehen mitten im Leben: Beruf, Familie, Hobbys, Politik – der Tag ist bereits so viel zu kurz. Irgendwo zwischen andere Sitzungen gequetscht, spätabends sowie am Wochenende wird am Wahlkampf herumgedacht, mal im Team, oftmals alleine. Das sind keine guten Voraussetzungen für eine erfolgversprechende Kampagne.

Wenn Sie mit Ambitionen kandidieren, sollten Sie sich genügend Zeit nehmen für

- die Selektion der richtigen Partner und Helfer;
- den Aufbau eines Unterstützungskomitees;
- die Planung einer stringenten Kampagne;
- das Fundraising;
- das Festlegen einer Auftrittstour;
- die Vorbereitung für wichtige Auftritte;
- regelmässige Reflexion;
- Unvorhergesehenes.

Das klingt nach Luxus und kollidiert mit der ohnehin vollen Agenda, aber auch mit dem ausgeprägten Milizcharakter der Schweizer

Politik. Wir empfehlen, knallhart Prioritäten zu setzen – zugunsten des Wahlkampfs. Das bedeutet eben nicht, dass man wochenlang an jede «Hundsverlochete» gehen sollte, an der stets dieselben Leute präsent sind.

Wer frühzeitig die Etappenziele genau festlegt und die Kräfte einteilt, kommt ohne Muskelkater auf den Gipfel. Der Kater bezieht sich hier durchaus auch auf das Budget, das bei Hauruck-Kampagnen aus dem Ruder laufen kann.

Teil B – die Analysen

In diesem Teil des Buches werden die Resultate unserer Umfrage präsentiert. Insgesamt 1434 Nationalrats-Kandidaten nahmen 2003 daran teil.

Kapitel B1 und B2 vermitteln die Basis und sind wichtig für das Verständnis der folgenden Kapitel.

Kapitelübersicht:

B1 – Der Wahlerfolg

Bevor wir eine Analyse vornehmen, sollten wir uns mit dem Begriff «Wahlerfolg» auseinandersetzen. Auf den ersten Blick ist die Definition einfach: Wahlerfolg bedeutet, dass ein Kandidat[1] gewählt wird.

Unter Wahlerfolg kann aber noch einiges mehr verstanden werden: Neben dem Erfolg der einzelnen Kandidaten ist auch der Erfolg der Partei zentral. Nicht wenige Kandidaten treten in erster Linie an, um ihre Partei und die Spitzenpolitiker zu unterstützen. Andere verfolgen eine Langzeitstrategie. Sie arbeiten auf das Ziel hin, im zweiten oder dritten Anlauf den Sprung in den Nationalrat zu schaffen. In diesem Fall kann auch ein Ergebnis, das nicht für den Einzug in das Parlament ausreicht, als persönlicher Erfolg bezeichnet werden. Es ist gleichbedeutend wie ein Etappenziel.

Aufgrund der unterschiedlichen Interpretationen des Begriffs Wahlerfolg gehen wir in den nächsten Abschnitten auf die verschiedenen Perspektiven näher ein. Zusätzlich zu den persönlichen Ambitionen und Motivationen der Kandidaten berücksichtigen wir jeweils auch deren Umfeld, d.h. die Ausgangslage in Partei und Kanton.

a) Der Wahlerfolg der Partei

Da sich dieses Handbuch in erster Linie an die Kandidaten richtet, wird der Erfolg aus der Sicht der Parteien zwar thematisiert, aber nicht erschöpfend behandelt. Für die Parteien ist das entscheidende Kriterium, wie viele Sitze sie im Parlament erhalten. Von Wahlerfolg spricht man, wenn eine Partei in einem Wahlkreis einen oder mehrere (zusätzliche) Sitze gewinnt. Je nach Situation kann es auch schon ein Erfolg sein, wenn eine Partei ihre Sitzzahl halten kann. Das gilt beispielsweise, wenn eine Partei mehrere Rücktritte verzeichnen musste oder wenn sie sich in der Defensive oder in einem Formtief befindet. Falls ein Wahlkreis aufgrund der Bevölkerungsentwicklung einen Sitz im Parlament verliert, kann die unveränderte Sitzzahl einer einzelnen Partei auch als Erfolg gewertet werden.

---

1   Wir verwenden aufgrund der besseren Lesbarkeit die männliche Form. Die Kandidatinnen, Politikerinnen usw. sind aber selbstverständlich stets mitgemeint.

In der Schweiz sind bei Parlamentswahlen Listenverbindungen normalerweise möglich. Damit kann eine Partei dazu beitragen, dass innerhalb der Listenverbindung ein (zusätzlicher) Sitzgewinn möglich wird. Gelingt dies, so handelt es sich faktisch um einen Erfolg, der von mindestens zwei Parteien gemeinsam errungen wurde. Insbesondere die Unterstützerlisten der Jungparteien oder Senioren dienen primär dazu, das Potenzial der Hauptlisten zu maximieren.

Die Bedeutung von Listenverbindungen soll anhand von zwei prägnanten Beispielen aufgezeigt werden:

- Im Kanton Zug stehen drei Nationalratssitze zur Verfügung. Bei den Wahlen 2003 waren die drei wählerstärksten Parteien SVP, CVP und FDP (in dieser Reihenfolge). Weil die deutlich schwächeren Grün-Alternativen (SGA) mit der SP in einer Listenverbindung zusammenspannten, konnten sie jedoch einen Sitz erobern – zulasten der schwächsten der drei bürgerlichen Parteien, der FDP.

- Obwohl die CSP Oberwallis zur CVP Schweiz gehört, ging sie bei den Wahlen 2003 keine Listenverbindung mit der CVP Wallis ein. Nicht zuletzt deshalb hat die CSP Oberwallis ihren traditionellen Sitz an die SVP verloren. Eine Listenverbindung von CSP und CVP hätte alle vier Sitze dieser beiden Parteien gesichert. In diesem Fall hätte die SP einen ihrer beiden Sitze an die SVP abgeben müssen.

Fazit: Rein arithmetisch betrachtet bringen Listenverbindungen nur Vorteile. Es ist allerdings in Betracht zu ziehen, dass sie potenzielle Wähler auch abschrecken können. Das gilt vor allem dann, wenn zwei Parteien, die sehr unterschiedliche Überzeugungen und Positionen vertreten, sich zu einer Listenverbindung zusammenschliessen. Listenverbindungen bergen die Gefahr, das Profil einer Partei zu verwischen.

Anmerkung: Bei Änderungen des Wahlverfahrens muss die Ausgangslage für die Parteien neu bewertet werden. Neue Möglichkeiten oder Einschränkungen von Listenverbindungen, der Wechsel vom Majorz- zum Proporzwahlsystem oder umgekehrt sowie die Anwendung eines anderen Verfahrens bei der Sitzzuteilung wirken sich direkt auf die Erfolgsaussichten der Parteien aus. Für die Nationalratswahlen sind derzeit keine solchen Veränderungen vorgesehen. Anders sieht es in verschiedenen Kantonen und Gemeinden aus: Parteien und Kandidaten, die dort zu Wahlen antreten, ist eine arithmetisch-strategische Analyse der neuen Situation zu empfehlen.

b) Der Bisherigenbonus

Amtierende Nationalräte können mit einem erheblichen Vorsprung in den Wahlkampf gehen. Woran liegt das? Viele Wähler entscheiden sich mehrheitlich für Volksvertreter, die schon im Parlament sitzen und sich nicht erst noch einarbeiten müssen. Sie geniessen einen Vertrauensbonus und Kredit. Das Wort «bisher» in der Wahlpropaganda verfehlt seine Wirkung nicht. Es gibt aber auch noch indirekte Gründe, weshalb die Bisherigen in vielerlei Hinsicht besser dastehen als andere Kandidaten. Ihre wichtigsten Vorteile sind:

- Bekanntheitsgrad: Aufgrund der Bühne, die ein Mandat auf nationaler Ebene mit sich bringt, sind amtierende Nationalräte in der Regel deutlich bekannter als andere Kandidaten.

- Medienpräsenz: Die amtierenden Nationalräte werden von den Medien wesentlich häufiger befragt oder zitiert als weniger bekannte Kandidaten. Das gilt insbesondere für Radio und Fernsehen, die mit ihren spezifischen Wünschen nach markanten Köpfen die Personalisierung der Politik vorantreiben.

- Budget: Durch ihre vielfältigen Kontakte können Bisherige ihre Wahlkampfkasse leichter füllen. Für die übrigen Kandidaten ist das bedeutend schwieriger.

- Kampagnendauer: Die politische Erfahrung macht es amtierenden Nationalräten deutlich einfacher, frühzeitig eine wirksame Kampagne für ihre Wiederwahl zu lancieren.

- Eigener Internet-Auftritt: Der Internet-Auftritt des eidgenössischen Parlaments dürfte den Anreiz erhöhen, die dort angebotenen Informationen auf der eigenen Website zu übernehmen.

- Meinungsführerschaft: Amtierende Nationalräte befassen sich mit einem oder mehreren Themen besonders intensiv, vor allem in den entsprechenden Kommissionen. Daher ist es für sie leichter, in der Öffentlichkeit als Wortführer aufzutreten.

Die Vorteile der Bisherigen zeigten sich in den Wahlen 2003 deutlich: Von den 167 amtierenden Nationalräten, die wieder kandidierten, wurden 142 in ihrem Amt bestätigt. Das entspricht 85 Prozent. Drei von ihnen, Anita Fetz (SP/BS), Trix Heberlein (FDP/ZH) und Simonetta Sommaruga (SP/BE) schafften dank Doppelkandidaturen den Sprung in den Ständerat. Dazu kamen drei Ehemalige, die nach einem Unterbruch in den Nationalrat zurückkehrten: Norbert Hochreutener (CVP/BE), Christian Miesch (SVP/BL, früher FDP) und Maria Roth-Bernasconi (SP/GE). Zwei Nationalräte wurden zwar nicht mehr gewählt, rückten aber sofort wieder nach, weil sich die Spitzenleute auch ihre Ständeratsmandate gesichert hatten.[2]

Für einen amtierenden Nationalrat, der sich erneut zur Wahl stellt, kann Erfolg also nur eines bedeuten: wieder in das Parlament einzuziehen. Für die übrigen Kandidaten sieht es anders aus. Ihre Chancen und damit auch die möglichen Definitionen des Wahlerfolgs hängen nicht unwesentlich davon ab, ob sie sich gegen Bisherige durchsetzen müssen oder um frei gewordene Plätze kämpfen können.

c) Die Ausgangslage für neu Kandidierende

Für die Kandidaten, die neu in den Nationalrat einziehen möchten, gibt es in Bezug auf die kantonale Partei, für die sie antreten, drei verschiedene Ausgangslagen:

- Die Kantonalpartei hat sich zum Ziel gesetzt, mindestens einen zusätzlichen Sitz zu erobern. In diesem Fall können unabhängig davon, ob alle Bisherigen wieder antreten, die anderen Kandidaten um den zusätzlichen Sitz buhlen. Sofern dieser Sitzgewinn gelingt, schafft zwangsläufig mindestens ein neuer Kandidat den Einzug in den Nationalrat. Trotz der Stabilität der schweizerischen Parteienlandschaft kommt das nicht selten vor. Bei den Nationalratswahlen 2003 konnten insgesamt 17 Kantonalparteien einen Sitzgewinn verbuchen. Drei Parteien – die Zürcher Grünen sowie die Waadtländer und die Genfer SVP – gewannen sogar je zwei Sitze hinzu. Der Bruch mit der Zauberformel und die Abwahl

---

2   Dabei handelte es sich um eine Waadtländer Besonderheit: Die beiden Ständeräte, Michel Béguelin (SP) und Christiane Langenberger (FDP), kandidierten erfolgreich für beide Kammern. Da sie natürlich wieder ihr Ständeratsmandat wahrnahmen, rückten für sie die beiden bisherigen Nationalräte, Pierre Salvi (SP) und René Vaudroz (FDP), in den Nationalrat nach, obwohl diese die Wiederwahl aus eigener Kraft nicht mehr geschafft hatten.

eines Bundesratsmitglieds im Dezember 2003 deuten an, dass die Parteienlandschaft weiterhin in Bewegung bleibt.[3]

- Mindestens ein Bisheriger tritt nicht mehr an. Falls die Kantonal-partei ihre Sitzzahl halten kann, zieht mindestens ein neuer Kan-didat in den Nationalrat ein. Diese Ausgangslage ist grundsätz-lich ähnlich, sogar noch etwas komfortabler als die unter Punkt 1 beschriebene: Für den Erfolg eines neuen Kandidaten muss die Partei lediglich ihre Sitzzahl halten. Bei den Nationalratswahlen 2003 traten immerhin 33 Nationalräte, also fast jeder sechste, nicht mehr zur Wiederwahl an.

- Alle Bisherigen treten wieder an, und ein zusätzlicher Sitzgewinn erscheint unrealistisch. Das ist für die übrigen Kandidaten auf derselben Liste die schwierigste Ausgangsposition. Wenn sich ein Bisheriger nicht gerade durch gravierende Fehler oder einen Skandal in Schieflage gebracht hat, besitzt er den eingangs dieses Kapitels beschriebenen Startvorsprung. Ein neu Kandidierender kann diesen Startvorsprung am ehesten aufholen, wenn er sich auf kantonaler Ebene bereits profiliert hat. Ein engagierter bis ag-gressiver persönlicher Wahlkampf mit dem Ziel, einen Bisherigen zu schlagen, kann allerdings parteiinterne Spannungen auslösen. Die Bisherigen gewinnen trotz ihrer schwergewichtigen Vorteile nicht immer: Im Wahljahr 2003 mussten von den 23 abgewählten Nationalräten immerhin 10 einem Parteikollegen Platz machen.

Fazit: Die Erfolgsaussichten eines neu Kandidierenden hängen ne-ben der Verfassung der Partei stark von den Absichten der Bishe-rigen ab. Es ist die Aufgabe der Parteileitung, frühzeitig für Klarheit zu sorgen, wer nochmals antritt und wer demissioniert – ein Unter-fangen, das viel Fingerspitzengefühl verlangt, aber einem monate-oder gar jahrelangen Taktieren einen Riegel vorschiebt. Viele «Pa-pabili» halten sich lange bedeckt, intrigieren und können so eine Partei schwächen oder sogar lähmen. Apropos frühzeitige Klarheit: Die Nominationsveranstaltungen der Parteien sind in der Regel zu spät angesetzt. Je früher offiziell klar ist, wer kandidiert, desto bes-ser. Auch wenn das vielfach mit der Tradition und dem Tempo der Milizpolitik kollidiert.

---

3 *Die Zauberformel zur Zusammensetzung des Bundesrats – 2 CVP, 2 FDP, 2 SP, 1 SVP – hatte von 1959 bis 2003 Gültigkeit. Durch die Abwahl von CVP-Bundesrätin Ruth Metzler wurde sie verändert. Anstelle der CVP hat die SVP seit Dezember 2003 zwei Sitze. Während Jahr-zehnten war die Abwahl von Bundesräten ein Tabu.*

d) Der absolute und der relative Wahlerfolg – und weitere Erfolgskriterien

Manche Kandidaten wollen unbedingt im ersten Anlauf in den Nationalrat einziehen, andere verfolgen eine längerfristige Strategie. Wieder andere möchten vor allem die Spitzenkandidaten unterstützen. Es gibt etliche Grössen zur Messung des Wahlerfolgs. Die drei wichtigsten sind:

1. Der absolute Wahlerfolg

Das entscheidende Kriterium ist allein der Einzug eines Kandidaten in den Nationalrat. Losgelöst von den unterschiedlichen Ambitionen und Ausgangslagen ist es von Interesse, welche persönlichen Voraussetzungen die Gewählten mitgebracht haben. Zudem auch, wie sie ihren Wahlkampf bestritten haben.

2. Der relative Wahlerfolg

Wir haben anhand der Wahlstatistiken zu den Nationalratswahlen 2003 für jeden Kandidaten, der nicht gewählt wurde, berechnet, wie viele Stimmen ihm zum Einzug in den Nationalrat fehlten. Da je nach Kanton und Partei unterschiedlich viele Stimmen für den Einzug ins Parlament erforderlich waren, haben wir die erzielten Resultate jeweils in eine relative Grösse umgerechnet. Diese relative Grösse gibt an, wie viel Prozent der Stimmen, die für den Einzug in den Nationalrat erforderlich gewesen wären, ein Kandidat erreicht hat. Ein gewählter Nationalrat holte demnach 100 Prozent der nötigen Stimmen. Ein Kandidat, der ganz knapp scheiterte, erreichte vielleicht 98 Prozent. Die Kandidaten der Unterstützerlisten wiederum erzielten meistens nur wenige Prozent der Stimmen, die sie für einen eigenen Sitz im Nationalrat gebraucht hätten. Tabelle B1-1 zeigt auf, wie viele der insgesamt 2852 Kandidaten mindestens 50 Prozent der Stimmen erhalten haben.

Tabelle B1-1:
Anzahl der Kandidaten, die mindestens 50 % der für einen Sitz nötigen Stimmen erhalten haben.

Relativer Stimmenanteil	Anzahl der Kandidaten
100 %	200 (alle gewählten Nationalräte)
90 % – 99,9 %	69
80 % – 89,9 %	87
70 % – 79,9 %	100
60 % – 69,9 %	119
50 % – 59,9 %	139
Total (50 % – 99,9 %)	514

Lesebeispiel: 69 Kandidaten erreichten einen relativen Stimmenanteil von 90 – 99,9 %.

Neben den 200 gewählten Nationalräten haben weitere 514 Kandidaten mindestens 50 Prozent der für einen Sitz benötigten Stimmen erhalten. Die Mehrheit dieser Kandidaturen hatten das Potenzial zum Wahlerfolg.

Daneben haben wir weitere relative Erfolgsgrössen ermittelt: Der Panaschierstimmenerfolg zeigt zum Beispiel auf, wie viele Stimmen ein Kandidat auf den Listen anderer Parteien geholt hat. Diese Panaschierstimmen sind insbesondere auch für die Partei bzw. die Liste wichtig. Der relative Listenerfolg hingegen gibt an, ob ein Kandidat innerhalb seiner Liste über- oder unterdurchschnittlich abgeschnitten hat.

Oft schneiden nach diesen Messgrössen diejenigen Kandidaten am erfolgreichsten ab, die sehr bekannt sind, aber nicht auf der Hauptliste einer grossen Partei kandidieren. In der Regel schaffen sie trotz vieler Panaschierstimmen den Einzug ins Parlament nicht oder nicht mehr. Das zeigen zwei Beispiele der Wahlen 2003 im Kanton Zürich: Nationalrat Roland Wiederkehr (früher beim LdU) holte den höchsten Anteil an Panaschierstimmen. Ex-Nationalrat und Pfarrer Ernst Sieber (EVP-Senioren) erzielte relativ zum eigenen Listendurchschnitt den höchsten Anteil.

3. Die Ambitionen

Was als Erfolg gewertet werden kann, hängt wesentlich von den Zielsetzungen der Kandidaten ab. Diese lassen sich nicht einfach am Listenplatz oder an der Kandidatur für eine Haupt- oder Unterstützerliste erkennen. Daher haben wir nach den Nationalratswahlen 2003 die Kandidaten nach den Gründen für ihre Kandidatur befragt. Tabelle B1-2 gibt eine Übersicht über andere Motive als den Einzug in den Nationalrat. Der Datensatz umfasst die 1434 Kandidaten, die an unserer Befragung teilgenommen haben.

Tabelle B1-2:
Anzahl Antworten auf die Frage, aus welchen Gründen die Kandidaten bei den Nationalratswahlen 2003 mitgemacht hatten. Bei dieser Frage waren Mehrfachantworten möglich.

Grund für die Kandidatur	Anzahl Antworten	
	absolut	in Prozent
Strategie, auf lange Sicht einen Sitz im Nationalrat zu erobern	260	18,1 %
Unterstützung der Spitzenkandidaten	806	56,2 %
Positionierung für eine kantonale bzw. kommunale Karriere	540	37,7 %
Möglichkeit, auf sachpolitische Themen aufmerksam zu machen	421	29,4 %

Lesebeispiel: 260 Kandidaten, die an der Befragung teilgenommen haben, sind mit der Strategie angetreten, auf lange Sicht einen Sitz zu erobern.

Von den Kandidaten, die an unserer Befragung teilgenommen haben, gaben 18,1 Prozent an, eine langfristige Strategie zu verfolgen. Diese Kandidaten wollen bei einer der nächsten Wahlen ihr Ziel, einen Sitz im Nationalrat, erreichen. Mehr als die Hälfte wollte vor allem die Spitzenkandidaten unterstützen. Etwa jeder dritte Kandidat gab als Grund eine kantonale oder kommunale Karriere an, während knapp jeder dritte in erster Linie auf sachpolitische Themen aufmerksam machen wollte. Mit Hilfe dieser Angaben können wir diese Gruppen getrennt analysieren, um dann jeweils spezifische Empfehlungen für den Wahlkampf abzuleiten (siehe Kapitel B3).

B2 – Die Erfolgsfaktoren

Wovon hängt der Wahlerfolg ab? Wir unterscheiden in unserer Analyse zwei Aspekte, die zusammen den Wahlerfolg erklären: Erfolgsfaktoren und Werbemittel. Als Erfolgsfaktoren definieren wir die Voraussetzungen, die ein Kandidat mitbringt: seine bisherigen Tätigkeiten, sein Profil, seine Medientauglichkeit, aber auch das Aussehen und die Wahlkampfstrategie. Der Oberbegriff Werbemittel umfasst Drucksachen, Zeitungsporträts und Interviews, aber auch sämtliche Auftritte in der Öffentlichkeit, z.B. Podien und Strassenwahlkampf.

Die Analyse erfolgt in drei Schritten:

- Wir stellen die einzelnen Erfolgsfaktoren und Werbemittel vor und vergleichen ihre allgemeine Bedeutung. Zudem zeigen wir auf, wie oft sie im Wahlkampf 2003 genutzt wurden.

- Wir vergleichen den jeweiligen Zusammenhang der einzelnen Erfolgsfaktoren und Werbemittel mit dem Wahlerfolg.

- Wir untersuchen, wie sich alle Erfolgsfaktoren und Werbemittel zusammen auf den Wahlerfolg auswirken.

a) Die Erfolgsfaktoren und Werbemittel

Die Erfolgsfaktoren sind vielfältig. Daher ist es auch unterschiedlich schwierig, diese zu messen. Manche, wie zum Beispiel der Bisherigenbonus oder der Listenplatz, lassen sich objektiv ermitteln. Die Informationen, wer bereits im Parlament sitzt oder wer auf welchem Listenplatz kandidiert, sind jedermann ohne weiteres zugänglich. Andere Faktoren, beispielsweise das Fachwissen oder das Aussehen der Kandidaten, liessen sich hingegen nur mit einem ungeheuren Aufwand objektiv messen.

Wir haben die Erfolgsfaktoren auf zwei Arten ermittelt: mit Recherchen und Selbstauskünften seitens der Kandidaten. Letztere unterteilen sich wiederum in Auskünfte über Fakten und in Selbsteinschätzungen. Fakten betrafen die bisherige politische Karriere, das Budget und den Wahlkampfstab. Die Selbsteinschätzungen bezogen sich auf persönliche Eigenschaften und Wahlkampfaktivitäten.

Bisherigenbonus

Von den 167 Bisherigen, die 2003 wieder zu den Nationalratswahlen antraten, haben 100 unseren Fragebogen ausgefüllt und sind daher in der Analyse berücksichtigt. Dazu kommen die beiden Waadtländer Ständeräte, die gleichzeitig für beide Kammern kandidierten.

Bisherige politische Karriere

Neben dem Nationalrat gibt es weitere Ämter, in die man gewählt werden muss: in kantonale oder kommunale Parlamente, in Exekutiven oder in Spitzenfunktionen einer Partei. Da man sich mit den verschiedenen Ämtern auf Gemeinde- und Kantonsebene für eine weitere politische Karriere empfehlen kann, haben wir die verschiedenen Funktionen gewichtet und in einen Index umgewandelt. So wird taxiert, inwieweit ein Kandidat sich durch Ämter, in die er gewählt wurde, politisch etablieren konnte. Selbstverständlich umfasst dieser Index auch die Tätigkeit im Nationalrat selbst.

Anhand der Indexierung der verschiedenen politischen Ämter haben wir die Kandidaten der Nationalratswahlen 2003 in vier Gruppen zusammengefasst.[4]

- 606 der 1434 befragten Kandidaten, also 42,3 Prozent, hatten bislang noch keine politischen Ämter inne.

- 311 der Befragten (21,7 Prozent) übten bisher wenige politische Ämter aus; sie sassen beispielsweise im Gemeindeparlament oder hatten erst seit kurzer Zeit ein kantonales oder nationales Mandat inne.

- 346 Kandidaten (24 Prozent) hatten eine langjährige Tätigkeit auf Gemeindeebene oder mindestens vier Jahre im Kantonsparlament oder minimal zwei Jahre im Nationalrat hinter sich.

---

4 *Eine solche vierstufige Einteilung «nichts – wenig – mittel – viel» verwenden wir in diesem Buch öfter, insbesondere um die Nutzung von Werbemitteln zu messen. Das hat analysetechnische Gründe: Ein simples Addieren birgt die Gefahr, dass die Zusammenhänge durch ein paar Kandidaten, die zur Kategorie «viel» gehören, verwischt oder verzerrt werden. Ein Beispiel: Ein Millionär und neun Bettler besitzen im Durchschnitt 100'000 Franken. Diese Zahl sagt aber nichts mehr über die tatsächlichen Verhältnisse aus.*

- 174 Kandidaten (12 Prozent) verfügten über eine langjährige Tätigkeit in verschiedenen Ämtern. Sie sassen beispielsweise mindestens acht Jahre im Nationalrat.

Kandidatur für eine etablierte Partei

Laut unserer Definition gilt eine Partei als etabliert, wenn sie mindestens seit den Nationalratswahlen 1995 im betreffenden Kanton immer angetreten ist oder bereits ein Mandat im Nationalrat errungen hat. Von den 1434 befragten Personen kandidierten 1016, also 70,9 Prozent, für eine etablierte Partei.

Mitgliedschaft in Organisationen

Wir fragten nach der Anzahl Mitgliedschaften in Organisationen. Ähnlich wie für die Einschätzung der politischen Karriere bildeten wir wiederum eine vierstufige Skala. Führungspositionen wurden höher gewertet als eine blosse Mitgliedschaft.

Tabelle B2-1:
Antworten auf die Frage, in wie vielen Organisationen die 1434 Befragten als Mitglieder eingeschrieben waren. (Führungspositionen, wie z.B. ein Präsidium, zählen dreifach.)

Anzahl Mitgliedschaften	Anzahl Kandidaten	
	absolut	in Prozent
keine Mitgliedschaften	134	9,3 %
1 – 9 Mitgliedschaften	765	53,3 %
10 – 29 Mitgliedschaften	475	33,1 %
≥ 30 Mitgliedschaften	60	4,2 %

Lesebeispiel: 134 Kandidaten waren in keiner Organisation dabei.

Die Mitgliedschaft in einer Organisation allein ist für eine erfolgreiche Wahlkampagne natürlich bei weitem nicht ausreichend. Eine wesentlich bessere Wirkung lässt sich erzielen, wenn die betreffende Organisation einen Kandidaten aktiv unterstützt, z.B. mit Geld, Inseraten oder einem Wahlempfehlungsbrief. Daher fragten wir nicht nur nach der Mitgliedschaft, sondern auch gezielt nach der

Unterstützung seitens der Organisationen. Die Antworten auf diese Frage wurden ebenfalls in eine vierstufige Skala umgerechnet.

Tabelle B2-2:
Antworten auf die Frage, von wie vielen Organisationen die 1434 Befragten unterstützt wurden, etwa in Form von Inseraten oder Wahlempfehlungsbriefen.

Anzahl unterstützende Organisationen	Anzahl Kandidaten	
	absolut	in Prozent
keine Organisationen	851	59,3 %
1 – 2 Organisationen	408	28,5 %
3 – 4 Organisationen	140	9,8 %
≥ 5 Organisationen	35	2,4 %

Lesebeispiel: 851 Kandidaten wurden von keiner Organisation unterstützt.

Die beiden Tabellen B2-1 und B2-2 können nicht direkt miteinander verglichen werden. Während die Mitgliedschaft eines Kandidaten in fünf Organisationen noch relativ wenig ins Gewicht fällt, wirkt sich eine aktive Unterstützung von fünf Organisationen bereits stark aus.

Wahlkampf-Budget

Auch wenn viele Kandidaten ein relativ bescheidenes Budget zur Verfügung hatten und sich dieses Nachteils auch bewusst waren, wurde der Faktor «Geld» dennoch unterschätzt. Für die Analysen fragten wir daher direkt nach der Höhe des Wahlkampf-Budgets. Von den 1434 Teilnehmern unserer Befragung machten 1397 eine konkrete Angabe, was 97,4 Prozent entspricht. Wir gehen jedoch davon aus, dass ein paar der Befragten keine präzisen Zahlen lieferten.

Gemäss Tabelle B2-3 wendeten 430 Kandidaten, also 30,8 Prozent, maximal 500 Franken für ihren Wahlkampf auf. 35 Prozent verfügten über ein relativ kleines Budget zwischen 500 und 5'000 Franken. 30,6 Prozent der Respondenten konnten zwischen 5'000 und 50'000 Franken für ihren Wahlkampf verwenden. 3,7 Prozent der 1397 Befragten, also 52 Personen, hatten über 50'000 Franken zur Verfügung.

Tabelle B2-3:
Die Wahlkampf-Budgets der 1397 Kandidaten, die dazu Angaben machten.

Budget in Franken	Anzahl Kandidaten	
	absolut	in Prozent
bis 500	430	30,8 %
501 – 1'000	185	13,2 %
1'001 – 2'500	160	11,6 %
2'501 – 5'000	143	10,2 %
5'001 – 10'000	141	10,1 %
10'001 – 15'000	75	5,4 %
15'001 – 20'000	57	4,1 %
20'001 – 30'000	76	5,4 %
30'001 – 50'000	78	5,6 %
50'001 – 100'000	38	2,7 %
100'001 – 200'000	13	0,9 %
200'001 – 300'000	1	0,07 %

Lesebeispiel: 430 Kandidaten wendeten für ihren Wahlkampf maximal 500 Franken auf.

Arbeit des Wahlkampfstabs

Um vergleichen zu können, bis zu welchem Grad die Kandidaten im Wahlkampf von Helfern unterstützt wurden, fragten wir neben der Einschätzung der Wirkung auch nach quantitativen Angaben. Um die Arbeit des Wahlkampfstabs zu analysieren, verwenden wir jedoch nicht die Anzahl beteiligter Personen, sondern die insgesamt geleisteten Arbeitsstunden.

Die grosse Mehrheit der Kandidaten bildete keinen Wahlkampfstab. Für 158 Personen, also 11,0 Prozent der Befragten, leistete dieser Stab weniger als 100 Stunden Arbeit. 125 Kandidaten (8,7 Prozent) erhielten eine Unterstützung im Umfang von 100 oder mehr Arbeitsstunden, und 70 Kandidaten (4,9 Prozent) sogar 300 Stunden oder mehr.

Professionelle Unterstützung

In den meisten Ländern ist es für einen professionellen Wahlkampf unerlässlich, bezahlte Experten für Werbung und Kampagnenführung zu engagieren. In der Schweiz hat sich diese Professionalisierung der Wahlkämpfe noch nicht durchgesetzt. Immerhin gaben 184 oder 12,8 Prozent der Befragten an, mit Profis gearbeitet zu haben.

Unterstützungskomitee

Neben der Unterstützung seitens der Partei, des Wahlkampfstabs und der Organisationen stellte ein Unterstützungskomitee eine weitere Möglichkeit dar, einem Kandidaten ohne grosses zeitliches Engagement den Rücken zu stärken. Über die Wirksamkeit von Unterstützungskomitees entscheidet in erster Linie deren Grösse. Wir verwenden für die Analyse erneut eine vierstufige Skala.

Tabelle B2-4:
Anzahl Mitglieder in den individuellen Unterstützungskomitees.

Grösse des Unterstützungskomitees	Anzahl Kandidaten	
	absolut	in Prozent
kein Komitee	1175	81,9 %
Komitee mit 1 – 9 Mitgliedern	91	6,3 %
Komitee mit 10 – 99 Mitgliedern	119	8,3 %
Komitee mit ≥ 100 Mitgliedern	49	3,4 %

Lesebeispiel: 1175 von 1434 befragten Kandidaten hatten gar kein Unterstützungskomitee gebildet. 91 Kandidaten verfügten über ein Komitee, das maximal aus 9 Mitgliedern bestand.

Medientraining

Aufgrund der zunehmenden Bedeutung der Medien spielt die Wirkung der Kandidaten eine immer zentralere Rolle. Da liegt es nahe, zusammen mit einem Medientrainer die eigene Auftrittskompetenz zu verbessern. Diese Möglichkeit haben 262 der befragten Kandidaten genutzt, das sind 18,3 Prozent. Wir gehen allerdings davon aus, dass etliche Kandidaten schon vor dem Wahljahr an Medientrainings teilgenommen hatten. Zudem können vereinzelte Politiker öffentlich nicht dazu stehen, mit Medientrainern zu arbeiten. Entsprechend dürfte die Anzahl Antworten nicht ganz präzise sein.

Kampagnendauer

Ein frühzeitiger Start der Wahlkampagne kann einen wichtigen Beitrag zum Wahlerfolg leisten. 153 der befragten Kandidaten, also 10,7 Prozent, lancierten ihre Kampagne ein Jahr vor dem Wahltag.

Bekanntheitsgrad

Der Bekanntheitsgrad der einzelnen Kandidaten ist im Prinzip einfach zu messen: Man muss nur die Wähler befragen. Bei 2852 Nationalratskandidaten ist dieser Aufwand allerdings nicht mehr vertretbar. Daher liessen wir die Kandidaten ihren Bekanntheitsgrad selbst einschätzen. Wir forderten sie auf, zwischen ihrem Bekanntheitsgrad ein Jahr vor der Wahl und am Wahltag zu unterscheiden.

Wie in Kapitel B3 näher erläutert wird, ist der Bekanntheitsgrad am Wahltag selbst auf die Kampagne und die Präsenz in den Medien zurückzuführen. Daher verwenden wir in den Analysen den Bekanntheitsgrad ein Jahr vor dem Wahltag als Erfolgsfaktor.

Wir baten die 1434 befragten Kandidaten, ihren Bekanntheitsgrad auf einer Skala von 0 (völlig unbekannt) bis 9 (allen bekannt) einzuschätzen. Im Durchschnitt betrug der Bekanntheitsgrad ein Jahr vor den Wahlen 3,03. Sehr bekannt (7 bis 9 auf der Skala) waren nach eigener Einschätzung 159 der Befragten, also 11,1 Prozent.

Wir haben bis hierhin zwölf Erfolgsfaktoren vorgestellt, die sich ziemlich objektiv ermitteln liessen. Zu zehn weiteren Faktoren baten wir die Kandidaten um eine Selbsteinschätzung. Wie im Fall des Bekanntheitsgrads verwendeten wir jeweils zehnstufige Skalen von 0 (irrelevant) bis 9 (entscheidend). Tabelle B2-5 zeigt eine Übersicht über die Durchschnittswerte aller 1434 befragten Kandidaten.

Tabelle B2-5:
Die Relevanz der Erfolgsfaktoren gemäss der persönlichen Einschätzung der 1434 Befragten. Abgebildet werden die Durchschnittswerte auf einer Skala von 0 (irrelevant) bis 9 (entscheidend).

Erfolgsfaktor	persönliche Einschätzung (Durchschnittswert)
Image der Partei auf nationaler Ebene	5,85
Medientauglichkeit	5,83
Fachkompetenz	5,58
persönliches Aussehen	5,51
souveränes Auftreten	5,04
direkter Kontakt mit dem Volk	4,80
Meinungsführerschaft	4,35
persönliche Ambitionen	4,22
Wahlkampfstrategie	3,70
Medienpräsenz	3,49

Lesebeispiel: Das Image der eigenen Partei auf nationaler Ebene ist mit einem Durchschnittswert von 5,85 der wichtigste Erfolgsfaktor.

Obwohl die Respondenten die in der Tabelle aufgelisteten Faktoren überwiegend für sehr wichtig hielten, stuften sie deren Wirkung in Bezug auf sich selbst zumeist nur als mittelmässig ein. Die Durchschnittswerte liegen alle relativ nahe der Mitte der Skala (4,5). Viele Kandidaten sahen in ihren eigenen Voraussetzungen also noch erhebliche Defizite, die sie verbessern könnten.

Unterscheidung von Erfolgsfaktoren

Die Erfolgsfaktoren eines Kandidaten sind nicht in Stein gemeisselte Grössen, sie können sich wandeln. Manche, wie zum Beispiel die bisherige Karriere oder das Image einer Partei, lassen sich allerdings kurzfristig kaum mehr verändern. Die Verbesserung anderer Faktoren, z.B. die Fachkompetenz, kann ein Kandidat jederzeit angehen. Daher haben wir ein Modell entwickelt, das die Erfolgsfaktoren in drei Gruppen unterteilt:

- **Anker-Faktoren (A)**
  Die erste Gruppe umfasst die Faktoren, die ein Jahr vor dem Wahltag feststehen, so dass ein Kandidat kaum mehr Einfluss darauf nehmen kann. Diese Faktoren bilden das Fundament einer Kampagne, wir nennen sie daher Anker-Faktoren. Sie sind in den Tabellen jeweils mit einem A (für Anker) gekennzeichnet.

- **Engagement-Faktoren (E)**
  Eine zweite Gruppe umfasst die Faktoren, für die in erster Linie die Kandidaten selbst verantwortlich sind. Wir nennen sie daher Engagement-Faktoren. Sie sind in den Tabellen jeweils mit einem E (für Engagement) markiert.

- **Verpackungs-Faktoren (V)**
  Die dritte Gruppe der Erfolgsfaktoren haben die Kandidaten ebenfalls selbst in der Hand. Hier geht es vor allem um die Wirksamkeit einer Kampagne, Medienpräsenz und die Unterstützung durch PR- und Werbeprofis. Wir bezeichnen diese Faktoren als Verpackungs-Faktoren. In den Tabellen sind sie mit einem V (für Verpackung) gekennzeichnet.

Tabelle B2-6 zeigt die Einordnung der verschiedenen Faktoren in die drei Gruppen.

Tabelle B2-6:
Einordnung der wichtigsten Erfolgsfaktoren in die drei Gruppen.

Anker-Faktoren Im letzten Jahr vor dem Wahltag kaum mehr zu verändern	**Engagement-Faktoren** Eigenverantwortung des Kandidaten	**Verpackungs-Faktoren** Teilweise mit der Hilfe von Profis erreichbar
Mitgliedschaft in Organisationen	Wahlkampfstab	Kampagnendauer
Image der Partei auf nationaler Ebene	Unterstützung durch Organisationen	direkter Kontakt mit dem Volk
Bekanntheitsgrad	Unterstützungskomitee	Wahlkampfstrategie
Bisherigenbonus	persönliche Ambitionen	souveränes Auftreten
politische Karriere (Index)	Fachkompetenz	Medientauglichkeit
Kandidatur für eine etablierte Partei	Meinungsführerschaft	persönliches Aussehen
	Budget	Medienpräsenz
	professionelle Unterstützung	Medientrainings

© *Balsiger / Roth 2007*

Die professionelle Unterstützung in die Gruppe der Engagement-Faktoren einzuordnen, kann unlogisch erscheinen. Denn die Unterstützung durch Profis ist auf den ersten Blick ein klassischer Verpackungs-Faktor. In der Gruppe der Verpackungs-Faktoren sind jedoch Faktoren, wo sich professionelle Unterstützung anbietet, zusammengefasst. Das sagt aber noch nichts darüber aus, inwieweit die Kandidaten diese Hilfe auch in Anspruch genommen haben. Ob ein Kandidat überhaupt Profis engagiert, liegt ganz in seiner persönlichen Verantwortung. Daher die Einordnung der professionellen Unterstützung zu den Engagement-Faktoren.

Nicht berücksichtigte Erfolgsfaktoren

Ein Erfolgsfaktor, der in der Politik und in den Medien oft thematisiert wird, ist der Listenplatz. Ihm wird eine grosse Bedeutung für den Wahlerfolg zugeschrieben. Doch ergibt sich diese Bedeutung auch aus den Fakten? Zwei Einwände müssen hier geltend gemacht werden: Zum einen haben in der Schweiz die Spitzenkandidaten auf den Listen keinen wahlarithmetischen Vorteil. Auch sie sind nur gewählt, wenn sie tatsächlich mehr persönliche Stimmen erhalten als die anderen Kandidaten auf ihrer Liste. Zum anderen schwindet der optische Vorteil, je kürzer die Listen sind. Enthalten die Listen nur wenige Kandidaten, so werden diejenigen, die weiter hinten stehen, von den Wählern kaum weniger zur Kenntnis genommen als die Spitzenkandidaten. Bei grossen Listen, wie sie in Zürich oder Bern die Regel sind, werden die Kandidaten auf Platz 20 oder 21 jedoch sicher weniger beachtet als diejenigen auf den Spitzenplätzen.

Gerade in kleineren Kantonen wird die Reihenfolge der Listenplätze oftmals alphabetisch zusammengestellt. Aber auch in grösseren Kantonen kommt es vor, dass die Plätze hinter den Spitzenkandidaten alphabetisch geordnet werden. Diese Gepflogenheiten sind nicht nur von Kanton zu Kanton, sondern teilweise auch von Partei zu Partei unterschiedlich. Aus diesem Grund gehen wir auf die Konkurrenz innerhalb der Listen im Kapitel über die Kantone (B5) näher ein.

Ein weiterer Bereich umfasst das Profil und die Position eines Kandidaten. Wir baten die Respondenten darum, ihre Fachkompetenz und Meinungsführerschaft selbst einzuschätzen. Es kann hier nicht darum gehen, die für einen bestimmten Wahlkampf relevanten Themen herauszuarbeiten. Hingegen interessierte uns, wie sich ein Kandidat innerhalb seiner Partei inhaltlich positioniert. Einige Aspekte, die ins Gewicht fallen, lassen sich grob der Fachkompetenz bzw. der Meinungsführerschaft zuordnen. So kann ein Kandidat in seinen Schwerpunkten mit denen seiner Partei übereinstimmen, oder aber er kann das inhaltliche Spektrum seiner Partei ergänzen.

Im letzteren Fall entsteht das Risiko, dass das Profil der Partei unscharf wird. Übereinstimmung in den Schwerpunkten der Kandidaten mit jenen ihrer Partei lässt sich beispielsweise für Wirtschaftsexperten der FDP oder für Umweltfachleute der Grünen ausmachen. Ein ausgewiesener Umweltfachmann der FDP hingegen würde das Themenspektrum seiner Partei ergänzen. Ein weiterer Aspekt ist die Frage, ob ein Kandidat mit der Parteilinie über-einstimmt, oder ob er davon abweicht und zu bestimmten Themen andere Ansichten vertritt als die Parteimehrheit.

Um diese Aspekte zu untersuchen, können die Kandidatenprofile der Smartvote-Wahlhilfe herangezogen werden. Wollten wir die in-haltlichen Aspekte in unser gesamtes Analysemodell integrieren, könnten wir allerdings nur diejenigen Kandidaten berücksichtigen, die sowohl an unserer Befragung als auch an Smartvote teilge-nommen haben. So würden mehrere Hundert Kandidaten, die un-seren Fragebogen ausgefüllt haben, aus der Analyse herausfallen. Zudem gab es hier grosse Unterschiede zwischen den Parteien in Bund und Kantonen, die zu keinem einheitlichen Ergebnis führen würden. Selbstverständlich sind solche inhaltlichen Analysen aber Bestandteil der beratenden Tätigkeit der Autoren.

Schliesslich können auch demografische Eigenschaften der Kandi-daten cine Rolle spielen: das Geschlecht, das Alter, der Wohnort, die Religion usw. Zu den zwei wichtigsten, dem Geschlecht und dem Alter, haben wir systematische Erhebungen vorgenommen. Sie sind Gegenstand spezieller Analysen: Junge Kandidaten wer-den in Kapitel B3, Frauen in Kapitel B4 behandelt.

Werbemittel

Die Werbemittel tragen ebenfalls wesentlich zu einem Wahlerfolg bei. Daher fragten wir nach der Nutzung von insgesamt 22 ver-schiedenen Werbemitteln. Tabelle B2-7 zeigt auf, wie viele der 1434 befragten Personen welche Werbemittel einsetzten.

An der Spitze standen Auftrittsmöglichkeiten, die den Kandidaten keine direkten Kosten verursachten: Parteiversammlungen, Stan-daktionen, Podiumsdiskussionen und Referate. Danach folgten Auftritte in den Medien, beispielsweise Porträts oder Interviews. Dazu nutzten mehr Kandidaten die Zeitungen als das Radio und dieses wiederum mehr als das Fernsehen. Erst danach folgt ein eigener Internet-Auftritt. Bei den Nationalratswahlen 2003 hatten schon mehr als 30 Prozent der Kandidaten eine eigene Website. Drucksachen wie Flyer, Postkarten und Plakate setzte jeweils rund ein Drittel der Kandidaten ein. Der eigene Internet-Auftritt hat die Drucksachen praktisch eingeholt. Am Ende der Liste stehen sehr aufwendige Werbemittel, deren Wirksamkeit zudem umstritten ist: Wahlzeitungen, elektronische Postkarten (so genannte E-Cards) und Rundbriefe, wie z.B. «Bericht aus dem Parlament».

Tabelle B2-7:
Nutzung der einzelnen Werbemittel in Prozent.

Werbemittel	Nutzung
Parteiversammlungen	67,8 %
Standaktionen / Strassenwahlkampf	67,5 %
Presseporträts / Interviews	58,2 %
Podien / Referate	57,6 %
Leserbriefe	52,9 %
Radiointerviews	50,3 %
selbst verfasste Artikel	46,3 %
Gemeinschaftsinserate	40,8 %
TV-Interviews	38,1 %
Flyer	36,7 %
Wahlempfehlungsbriefe	36,5 %
Einzelinserate	35,6 %
gedruckte Postkarten	34,6 %
eigener Internet-Auftritt	31,7 %
grosse Plakate ($\geq$ A2)	30,0 %
Versammlungen von Organisationen	27,5 %
Auftritte in TV-Sendung «Arena»	20,5 %
kleine Plakate ($<$ A2)	17,4 %
Direct Mail	16,7 %
Broschüren / Wahlzeitungen	9,1 %
elektronische Postkarten	8,4 %
Rundbriefe	7,3 %

Lesebeispiel: 67,8 % der 1434 Befragten nahmen an Partei-
versammlungen teil.

Ergänzend ermittelten wir die Teilnahme an der Smartvote-Wahl-hilfe. Von den insgesamt 2852 Nationalratskandidaten haben 1419, also knapp die Hälfte, die Smartvote-Fragen beantwortet.

Tabelle B2-8:
Übersicht über die Teilnahme an der Befragung durch die Autoren sowie durch Smartvote.

Befragungen	Anzahl Kandidaten
keine Teilnahme	894
Teilnahme nur an der Befragung durch die Autoren	539
Teilnahme nur an Smartvote	524
Teilnahme an **beiden** Befragungen	895
Gesamt	*2852*

Lesebeispiel: 539 Kandidaten nahmen ausschliesslich an der Befragung der beiden Autoren teil.

Wie Tabelle B2-8 entnommen werden kann, beantworteten 895 Kandidaten sowohl die Smartvote-Fragen als auch unseren Fragebogen. Insgesamt nahmen etwa 50 Prozent aller Kandidaten an der Smartvote-Wahlhilfe teil. Von den Respondenten unserer Befragung waren es hingegen sogar über 60 Prozent, die auch den Smartvote-Fragebogen ausfüllten. Dieser positive Zusammenhang lässt sich damit erklären, dass die Teilnahme an beiden Umfragen wesentlich von der Auskunftsfreudigkeit der Kandidaten abhing.

b) Der Zusammenhang der einzelnen Grössen mit dem Wahlerfolg

In Kapitel B1 präsentierten wir die verschiedenen Dimensionen des Wahlerfolgs. Wenn wir den Zusammenhang jedes einzelnen Erfolgsfaktors und jedes einzelnen Werbemittels mit jeder der möglichen Definitionen des Erfolgs erörtern wollten, würde das den Rahmen dieses Buches sprengen. Oder es würde wie ein statistisches Jahrbuch aussehen. Daher beschränken wir uns vor allem auf die Korrelationen zwischen den einzelnen Erfolgsfaktoren und Werbemitteln einerseits und dem relativen Wahlerfolg andererseits.

Der Korrelationskoeffizient

Die unterschiedlichen Messungen der verschiedenen Erfolgsfaktoren machen einen direkten Vergleich problematisch. Teilweise liegen nur Ja-Nein-Antworten vor. Für andere Erfolgsfaktoren haben wir die Antworten in einer vierstufigen Skala «nichts – wenig – mittel – viel» zusammengefasst. Die Selbsteinschätzungen wiederum liegen in einer zehnstufigen Skala vor, während die Angaben zum Budget in zwölf Kategorien aufgeteilt sind.

Um die einzelnen Erfolgsfaktoren genau vergleichen zu können, ist ein einheitliches Mass notwendig. Als solches Mass bietet sich der Korrelationskoeffizient an. Der Korrelationskoeffizient ist eine Zahl, die alle Werte zwischen -1 und +1 annehmen kann. Der Wert +1 bedeutet, dass zwischen zwei Grössen ein perfekter Zusammenhang besteht, d.h. je grösser die eine, desto grösser ist auch die andere Grösse. Bei einem Wert von -1 ist es genau umgekehrt, d.h. je grösser die eine, desto kleiner ist die andere Grösse. Wert 0 bedeutet, dass zwischen den zwei Grössen überhaupt kein Zusammenhang besteht, d.h. weder ein positiver noch ein negativer. Das mag auf den ersten Blick etwas abstrakt erscheinen, bietet aber einige Vorteile:

- Der Erfolg aller Kandidaten lässt sich in einer Zahl zusammenfassen. Wir brauchen also nicht je eine Prozentzahl für die Gewählten und eine für die Nichtgewählten.

- Es kann ein Zusammenhang der Erfolgsfaktoren mit dem relativen Wahlerfolg dargestellt werden. Dadurch unterscheiden wir nicht nur zwischen Gewählten und Nichtgewählten, sondern auch, ob letztere ziemlich nahe an einem Wahlerfolg waren oder nicht.

Tabelle B2-9:
Korrelationen der Erfolgsfaktoren mit dem relativen Wahlerfolg.

Erfolgsfaktor	Zuordnung*	Korrelation mit dem Wahlerfolg
Wahlkampf-Budget	E	0,654
Bekanntheitsgrad (1 Jahr vor Wahltag)	A	0,616
politische Karriere (Index)	A	0,591
Medienpräsenz	V	0,577
Bisherigenbonus	A	0,525
Kandidatur für eine etablierte Partei	A	0,516
souveränes Auftreten	V	0,443
Wahlkampfstrategie	V	0,438
Meinungsführerschaft	E	0,434
persönliche Ambitionen	E	0,431
Wahlkampfstab (Arbeitsaufwand in Std.)	E	0,424
Unterstützung durch Organisationen	E	0,401
Fachkompetenz	E	0,400
Unterstützungskomitee (Anz. Mitglieder)	E	0,354
Medientauglichkeit	V	0,343
professionelle Unterstützung	E	0,341
Kampagnendauer	V	0,338
Mitgliedschaft in Organisationen	A	0,323
direkter Kontakt mit dem Volk	V	0,297
Image der Partei auf nationaler Ebene	A	0,267
persönliches Aussehen	V	0,151
Medientrainings	V	0,146

* Zuordnung zu den drei Gruppen der Erfolgsfaktoren (vgl. Seite 84):
   A = Anker-Faktor
   E = Engagement-Faktor
   V = Verpackungs-Faktor

*Lesebeispiel: Das Wahlkampf-Budget, das zu den Engagement-Faktoren
(E) zählt, korrelierte am stärksten mit dem relativen Wahlerfolg.*

- Die Korrelationskoeffizienten lassen sich direkt miteinander vergleichen, unabhängig davon, wie gross die einzelnen Messskalen sind. Daher werden jeweils die kompletten Skalen der einzelnen Faktoren in die Berechnung einbezogen.

Tabelle B2-9 zeigt die Korrelationen zwischen den einzelnen Erfolgsfaktoren und dem relativen Wahlerfolg. Die Faktoren sind nach der Grösse der Korrelationskoeffizienten angeordnet. Zuoberst in der Tabelle stehen also diejenigen Erfolgsfaktoren, die am stärksten mit dem Wahlerfolg zusammenhingen.

Der Erfolgsfaktor, der die höchste Korrelation mit dem Wahlerfolg aufweist, ist das Budget. Das unterstreicht die Bedeutung der finanziellen Ressourcen. Neben dem Budget ist auch der Bisherigenbonus ganz vorne zu finden. Die weiteren wichtigen Erfolgsfaktoren sind: der Bekanntheitsgrad, die bisherige politische Karriere sowie die Medienpräsenz. Zusammenfassend kann man sagen, dass in Tabelle B2-9 die «üblichen Verdächtigen» an der Spitze stehen.

Umgekehrt weist ein Erfolgsfaktor, dem die Kandidaten selbst eine ziemlich hohe Bedeutung zugeschrieben haben, tatsächlich einen geringen Zusammenhang mit dem relativen Wahlerfolg auf: das Image der Partei auf nationaler Ebene. Das lässt sich so interpretieren, dass die Wähler die Nationalratswahlen eher in einem kantonalen Kontext sehen.

Die Kandidaten hielten gemäss ihren Aussagen Medienpräsenz und Medientauglichkeit für gleichermassen wichtig. Die Korrelationen mit dem Wahlerfolg zeigen jedoch ein anderes Bild: Die Medienpräsenz hing deutlich stärker mit dem Wahlerfolg zusammen als die Medientauglichkeit. Dafür gibt es zwei mögliche Interpretationen. Zum einen kamen in den Medien bekannte Politiker und Spitzenkandidaten wesentlich häufiger zu Wort als andere Kandidaten, während sich auch viele unbekanntere Kandidaten Medientauglichkeit attestierten. Zum anderen wirkte die Medienpräsenz der Kandidaten entscheidender auf einen Erfolg ein als ihre Medientauglichkeit allein, was auch durch eine alte Medienweisheit zum Ausdruck gebracht wird:

«Any news are good news!»

Übersetzt: Hauptsache, man ist im Gespräch. Ob die Nachrichten inhaltlich gut oder weniger gut sind, ist zweitrangig. Exemplarisch mag hier der Fall von Christoph Blocher betrachtet werden: Seit dem schicksalhaften EWR-Abstimmungsjahr 1992 ist er der bekannteste Politiker der Schweiz. Die mediale Aufmerksamkeit ist enorm, die Berichterstattung bzw. die Kommentierung dagegen meistens negativ.

Werbemittel

Im Gegensatz zu den Erfolgsfaktoren wurden die Werbemittel einheitlich erfasst. Alle Messungen beruhen auf der Auskunft durch die Kandidaten selbst. Diese Messungen wandelten wir jeweils in die vierstufige Skala «nichts – wenig – mittel – viel» um. Im Zuge dieser Umwandlung orientierten wir uns an der Gesamtheit der Antworten. Überraschenderweise mussten wir zwischen den einzelnen Kantonen nicht unterscheiden: In den grossen Kantonen wurden die verschiedenen Werbemittel nicht häufiger eingesetzt bzw. in grösseren Mengen verteilt als in den kleineren Kantonen.

Einzig die Teilnahme an der Smartvote-Wahlhilfe lässt sich objektiv erfassen. Im Fall dieses Werbemittels gibt es kein «wenig», «mittel» oder «viel», sondern nur die Unterteilung in Ja oder Nein. Auf den Vergleich der Korrelationskoeffizienten hat dies keinen Einfluss.

Tabelle B2-10 zeigt die Korrelationen zwischen der Nutzung der verschiedenen Werbemittel einerseits und dem relativen Wahlerfolg andererseits. Die Werbemittel, die am direktesten mit dem Wahlerfolg zusammenhängen, sind in der Tabelle zuoberst aufgeführt. Es erstaunt nicht, dass die Auftritte in den elektronischen Medien ganz weit vorne zu finden sind, sie also mit dem Wahlerfolg eng zusammenhingen. Die beiden Grössen Medienauftritt und (voraussichtlicher) Wahlerfolg verstärken sich teilweise aber auch gegenseitig: Wer im Radio und im Fernsehen auftritt, wird eher gewählt. Wer bekannt ist und gute Wahlchancen hat, wird von Radio und Fernsehen bevorzugt eingeladen. Nicht weniger wichtig scheinen aber nach wie vor öffentliche Veranstaltungen. An Podiumsdiskussionen teilzunehmen und Referate zu halten, hing sogar noch leicht stärker mit dem Wahlerfolg zusammen, als in den elektronischen Medien aufzutreten.

Die Teilnahme an Parteiversammlungen sowie der Strassenwahlkampf korrelierten etwas weniger stark mit dem Wahlerfolg. Das dürfte daran liegen, dass die meisten Kandidaten auf diese Werbemittel setzen. Der Einsatz der meisten Drucksachen wies einen wesentlich geringeren Zusammenhang mit dem relativen Wahlerfolg aus, als vielfach erwartet worden war. Die beste Wirkung unter den Drucksachen erzielten grossformatige Plakate.

Tabelle B2-10:
**Korrelationen der Nutzung der verschiedenen Werbemittel
mit dem relativen Wahlerfolg.**

Werbemittel	Korrelation
Podien / Referate	0,542
TV-Interviews	0,538
Radiointerviews	0,533
Einzelinserate	0,459
Parteiversammlungen	0,446
selbst verfasste Artikel	0,438
eigener Internet-Auftritt	0,386
Auftritte in der TV-Sendung «Arena»	0,364
Versammlungen von Organisationen	0,346
grosse Plakate ($\geq$ A2)	0,317
Standaktionen / Strassenwahlkampf	0,310
Presseporträts / Interviews	0,308
Wahlempfehlungsbriefe	0,262
Teilnahme an der Smartvote-Wahlhilfe	0,227
gedruckte Postkarten	0,212
Gemeinschaftsinserate	0,204
Leserbriefe	0,189
Rundbriefe	0,144
kleine Plakate ($<$ A2)	0,140
Flyer	0,119
Direct Mail	0,117
Broschüren / Wahlzeitungen	0,109
elektronische Postkarten	0,014

*Lesebeispiel: Die Teilnahme an Podien sowie das Halten von Referaten
korrelieren mit einem Wert von 0,542 am stärksten mit dem Wahlerfolg,
elektronische Postkarten am schwächsten (Wert 0,014).*

c) Das Zusammenwirken der verschiedenen Erfolgsfaktoren und Werbemittel

Wir betrachten abschliessend die Auswirkungen der verschiedenen Erfolgsfaktoren und Werbemittel auf den Wahlerfolg. Warum ist diese zusätzliche Analyse nötig? Die Antwort ist einfach: Weil auch Zusammenhänge zwischen den Erfolgsfaktoren und den Werbemitteln auftreten können. In Tabelle B2-10 haben wir beispielsweise aufgezeigt, dass sowohl Fernseh- als auch Radiointerviews stark mit dem Wahlerfolg zusammenhingen. Was aber, wenn im Fernsehen und im Radio überwiegend dieselben Kandidaten interviewt wurden? Trug dann hauptsächlich das Fernsehen oder das Radio zum Erfolg bei? Oder hatten beide zu etwa gleichen Teilen einen Einfluss darauf?

Eine wichtige statistische Grösse: der β-Koeffizient

Um diese und ähnliche Fragen klären zu können, verwendeten wir das Analysemittel der linearen Regression. Im Unterschied zu einer Korrelation, die Zusammenhänge zwischen zwei Grössen festmacht, untersucht eine Regression, inwiefern eine gegebene Grösse von anderen abhängt. Wir ermitteln also, wie stark eine Grösse (der relative Wahlerfolg) durch eine oder mehrere andere Grössen beeinflusst wird. Die anderen Grössen sind in unserem Fall die Erfolgsfaktoren und Werbemittel.

Zu diesem Zweck ordnen wir jeder Grösse, also jedem Erfolgsfaktor und jedem Werbemittel, wiederum eine statistische Kenngrösse zu: den β-Koeffizienten (β = Beta). Der β-Koeffizient misst die Bedeutung der einzelnen Grössen innerhalb des gemeinsamen Einflusses. Er kann wie der Korrelationskoeffizient von -1 bis +1 reichen. Ein Wert zwischen 0 und +1 bedeutet einen positiven Zusammenhang zwischen der jeweiligen Einflussgrösse und der abhängigen Grösse – in unserem Fall dem relativen Wahlerfolg. Ein Wert zwischen -1 und 0 bedeutet einen negativen Zusammenhang.

Die Entscheidungen der Wähler und damit der Wahlerfolg lassen sich natürlich nicht nur anhand der Kampagne erklären. Die entscheidende Frage ist: Wieviel können alle Grössen zusammen erklären? Dazu braucht es die Erklärungskraft einer gesamten Regression. Um diese zu messen, verwendeten wir eine weitere statistische Grösse: das R^2 (lies: R-Quadrat). Unsere Messungen der Erfolgsfaktoren und Werbemittel mit dem relativen Wahlerfolg haben einen R^2-Wert von 0,706 ergeben. Einfacher ausgedrückt: der relative Wahlerfolg kann zu 70,6 % erklärt werden. Das ist ein überraschend hoher Prozentsatz.

Um den gemeinsamen Einfluss der verschiedenen Erfolgsfaktoren und Werbemittel darzustellen, beschränken wir uns auf den relativen Wahlerfolg. Wir machten jedoch auch eine Analyse, die nur zwischen den gewählten und den nichtgewählten Kandidaten unterscheidet. Sie misst die Einflüsse der Erfolgsfaktoren und der Werbemittel auf den absoluten Wahlerfolg. Da diese Ergebnisse aber sehr ähnlich ausfielen, können wir auf eine separate Darstellung verzichten.

Insgesamt untersuchten wir 22 Erfolgsfaktoren und 23 Werbemittel, die auf den relativen Wahlerfolg einen Einfluss haben. Tabelle B2-11 umfasst jedoch nur die wichtigsten dieser Faktoren und Mittel. Dort, wo der β-Koeffizient nahe bei 0 oder leicht im Minus lag, haben wir die entsprechenden Erfolgsfaktoren und Werbemittel nicht aufgeführt. Sie hatten keinen positiven Effekt auf den Wahlerfolg.

Ein Vergleich der Tabelle B2-11 mit den Tabellen B2-9 und B2-10 zeigt, dass die Korrelationskoeffizienten in vielen Fällen aussagekräftig waren. Sämtliche Erfolgsfaktoren und Werbemittel, die einen relevanten Anteil am gemeinsamen Einfluss auf den Wahlerfolg hatten, wiesen auch einen hohen Korrelationskoeffizienten mit dem Wahlerfolg auf.

Am wichtigsten für den Wahlerfolg waren also das Wahlkampf-Budget und die vier Anker-Faktoren:

- Kandidatur für eine etablierte Partei
- Bisherigenbonus
- Bekanntheitsgrad
- bisherige politische Karriere

Die Medienpräsenz hingegen fiel nicht mehr so stark ins Gewicht. Was die Werbemittel betrifft, bestätigt sich der erste Platz für die Podiumsdiskussionen und die Referate. Unsere vorgängig gestellte Frage – Radio oder Fernsehen? – klärt sich zugunsten des Fernsehens. Nicht nur die TV-Interviews, sondern auch die Auftritte in der «Arena» leisteten einen wichtigen Beitrag zum Wahlerfolg.

Tabelle B2-11:
Einfluss der wichtigsten Erfolgsfaktoren und Werbemittel auf den relativen Wahlerfolg.

Erfolgsfaktor oder Werbemittel	Zuordnung*	β-Koeffizient
Kandidatur für eine etablierte Partei	A	0,257
Wahlkampf-Budget	E	0,225
Bisherigenbonus	A	0,171
Bekanntheitsgrad (1 Jahr vor Wahltag)	A	0,145
politische Karriere (Index)	A	0,088
Podien / Referate	M	0,084
Einzelinserate	M	0,076
Wahlkampfstab (Arbeitsaufwand in Std.)	E	0,075
TV-Interviews	M	0,061
Parteiversammlungen	M	0,053
Auftritte in der TV-Sendung «Arena»	M	0,043
Wahlkampfstrategie	V	0,037
Unterstützungskomitee (Anz. Mitglieder)	E	0,033

* Zuordnung zu den drei Gruppen der Erfolgsfaktoren (vgl. Seite 84):
  A = Anker-Faktor
  E = Engagement-Faktor
  V = Verpackungs-Faktor
  M = Mittel (Werbemittel oder Massnahme)

Lesebeispiel: Die Kandidatur für eine etablierte Partei war mit einem Wert von 0,257 am wichtigsten für den relativen Wahlerfolg.

In gewissen Konstellationen ist es möglich, dass vereinzelte Massnahmen keine oder sogar eine leicht negative Wirkung hatten. Bevor wir aber einzelne Erfolgsfaktoren oder Werbemittel verurteilen, müssen wir uns mit der Interpretation kleiner oder negativer β-Koeffizienten auseinandersetzen. Verschiedene Gründe sind denkbar, weshalb vereinzelte Faktoren und Mittel schlecht abschnitten:

▪ Bei den Werbemitteln kann eine schlechte Umsetzung eine Rolle spielen.

- Es kann vorkommen, dass ein Werbemittel von fast allen Kandidaten genutzt wurde. Dabei schien es keinen grossen Zusammenhang zwischen diesem Mittel und dem Wahlerfolg gegeben zu haben. Dennoch konnte sich der Verzicht auf ein Werbemittel negativ auswirken, da man so gegenüber den anderen Kandidaten ins Hintertreffen geraten konnte.

- Sind Werbemittel aufwendig, wie etwa Broschüren oder Wahlzeitungen, besteht die Gefahr, dass sie zu viele Ressourcen binden. So kann ihre positive Wirkung unter Umständen neutralisiert werden, wenn dadurch auf wirksame Werbemittel verzichtet werden muss.

Wir haben aufgezeigt, dass zahlreiche Erfolgsfaktoren und Werbemittel für den Wahlerfolg eine grosse Bedeutung haben. Wie bereits ausgeführt, lässt sich dieser zu 70,6 Prozent erklären. Das heisst aber nicht, dass die Entscheidung der Wähler nur noch knapp 30 Prozent ausmachte. Im Gegenteil: Zum einen hingen viele Voraussetzungen von den Wählern ab. So basierte beispielsweise der Bisherigenbonus, der die Wahlchancen stark verbessert, auf einer früheren Entscheidung der Wähler. Zum anderen waren auch die Kampagnen vielfach auf die Wünsche und Bedürfnisse der Wähler zugeschnitten. Ein Werbemittel ist nicht erfolgreich, weil es gut gemacht ist, sondern weil es gut ankommt.

Es stellt sich die Frage, wie sich die 70,6 Prozent des erklärbaren Wahlerfolgs auf die Erfolgsfaktoren und Werbemittel verteilten. Dazu haben wir getrennte Regressionen durchgeführt, die jeweils nur die Erfolgsfaktoren oder nur die Werbemittel berücksichtigten. Tabelle B2-12 bietet einen Überblick über die R^2-Werte bei einer Abhängigkeit des relativen Wahlerfolgs. Die Erfolgsfaktoren haben wir zusätzlich nach Anker-, Engagement- und Verpackungs-Faktoren aufgeschlüsselt.

Auf den ersten Blick erkennt man, dass die Zahlen sich nicht einfach zusammenzählen lassen. Wenn wir allein die Erklärungskraft der drei Gruppen von Erfolgsfaktoren addieren, liegt die Summe deutlich über 100 Prozent (59,9 % + 46,9 % + 37,7 % = 144,5 %). Das rührt daher, dass die Erfolgsfaktoren in der Praxis nicht unabhängig voneinander waren, sondern auch untereinander zusammenhingen. Beispielsweise hatten die Bisherigen in den meisten Fällen ein relativ grosses Wahlkampf-Budget und waren in den Medien überdurchschnittlich präsent. Der Erfolg eines Kandidaten kann in diesem Fall sowohl durch Anker-Faktoren (z.B. Bisherigenbonus), durch Engagement-Faktoren (z.B. Budget) als auch durch Verpackungs-Faktoren (z.B. Medienpräsenz) erklärt werden.

Tabelle B2-12:
Erklärungskraft der drei Gruppen von Erfolgsfaktoren sowie der Werbemittel für den relativen Wahlerfolg.

Faktoren	Erklärung des Wahlerfolgs	
	R^2	in Prozent
Anker-Faktoren	0,599	59,9 %
Engagement-Faktoren	0,469	46,9 %
Verpackungs-Faktoren	0,377	37,7 %
Alle Erfolgsfaktoren zusammen	0,676	67,6 %
Werbemittel	0,526	52,6 %
Alle Erfolgsfaktoren **und** Werbemittel	0,706	70,6 %
Alle Faktoren und Mittel **ohne** Anker-Faktoren	0,586	58,6 %

Lesebeispiel: Die Anker-Faktoren haben mit einem Wert von 59,9 % den stärksten Einfluss auf den relativen Wahlerfolg.

Eine Anmerkung zu den kausalen Zusammenhängen: Die Anker-Faktoren, die sich ja ein Jahr vor dem Wahltag kaum mehr beeinflussen lassen, erklärten den Wahlerfolg bereits zu knapp 60 Prozent. Unter Einbezug aller Erfolgsfaktoren und Werbemittel erreichten wir eine Erklärungskraft von 70,6 Prozent. Trugen die Werbemittel also nur wenig zum Wahlerfolg bei? Wir können diese Argumentation auch umkehren! Der Erfolg der etablierten Kandidaten erklärte sich zu einem grossen Teil aus deren Vorteilen in Bezug auf die Engagement-Faktoren, die Verpackungs-Faktoren und die Werbemittel. Diese Vorteile beruhten auf den Möglichkeiten, die diesen Kandidaten aus ihrer Position heraus entstanden, wie beispielsweise dem erleichterten Zugang zu den Massenmedien.

Betrachten wir abschliessend, was alle Engagement- und Verpackungs-Faktoren zusammen mit den Werbemitteln bewirken konnten. Hier kommen wir auf eine Erklärung des relativen Wahlerfolgs von 58,6 Prozent. Wenn ein Newcomer voll auf Engagement und Verpackung setzte, machte das schon mehr als den halben Wahlerfolg aus. Den etablierten Politikern blieb ein Nettovorteil von 12 Prozent (70,6 % - 58,6 % = 12,0 %). Dieser Nettovorteil beruht ausschliesslich auf den langfristig wirkenden Anker-Faktoren.

B3 – Die Detailanalysen

In Kapitel B2 haben wir die Ergebnisse präsentiert, die sich jeweils auf alle Kandidaten des ganzen Landes beziehen. Diese Ergebnisse treffen aber nicht auf jeden einzelnen Kandidaten gleichermassen zu. Nicht nur bei den persönlichen Voraussetzungen und Motivationen gab es grosse Unterschiede. Auch in den verschiedenen Kantonen und Parteien stellten wir unterschiedliche Ausgangslagen und Gepflogenheiten fest.

In diesem Kapitel werden mehrere Kandidatengruppen separat untersucht, um Abweichungen vom Gesamtbild aus Kapitel B2 darzustellen. Wir beschränken uns dabei in der Regel auf den letzten Analyseschritt: das Zusammenwirken der verschiedenen Erfolgsfaktoren und Werbemittel. Eine Übersicht über die Unterkapitel:

a) **Die persönlichen Motivationen**
   Dieses Unterkapitel behandelt verschiedene Ambitionen, die in Tabelle B1-2 vorgestellt wurden: Unterstützung der Spitzenkandidaten, Verfolgung einer langfristigen Strategie, Positionierung für eine kantonale oder kommunale Karriere, sachpolitische Schwerpunktsetzung.

b) **Die jungen Kandidaten**
   Hier gehen wir speziell auf Kandidaten unter 40 Jahren ein.

c) **Die Parteien**
   Für die sechs grössten Parteien (CVP, EVP, FDP, Grüne, SP, SVP) wird ermittelt, mit welchen Werbemitteln die Kandidaten erfolgreich waren, und wie geschlossen die Parteien auftraten.

d) **Die Zufriedenheit mit dem persönlichen Wahlergebnis**
   Dieses Unterkapitel zeigt, wie der subjektiv empfundene Erfolg von verschiedenen Erfolgsfaktoren und Werbemitteln abhing.

e) **Der Bekanntheitsgrad**
   Hier zeigen wir auf, welche Erfolgsfaktoren und Werbemittel den Bekanntheitsgrad der Kandidaten erhöhen konnten.

f) **Der Erfolg auf der eigenen Liste**
   Es wird erörtert, wie sich der parteiinterne Konkurrenzkampf entwickeln kann.

a) *Die persönlichen Motivationen*

Die Unterstützung der Spitzenkandidaten

Bei Parlamentswahlen tritt ein grosser Teil der Kandidaten nicht mit dem Ziel an, unbedingt ein Mandat zu gewinnen. Vielmehr geht es diesen Personen in erster Linie darum, ihre Partei und die Spitzenkandidaten zu unterstützen. Bei den Nationalratswahlen 2003 war dies nicht anders: Von den 1434 Kandidaten, die an unserer Befragung teilnahmen, gaben 806 diese Gründe an. Das entspricht 56,2 Prozent. Darunter waren vor allem Kandidaten aus den grossen Kantonen, die auf hinteren Listenplätzen rangierten, sowie Kandidaten auf Unterstützerlisten. Dazu zählten insbesondere die Unterlisten der Jungparteien sowie der Senioren.[5]

Die Kandidaten auf den Unterstützerlisten nannten aber oft auch andere Gründe, beispielsweise den Wunsch, langfristig eine politische Karricre aufzubauen. Aus diesem Grund stützt sich unsere Analyse auf die konkrete Motivation und nicht auf die formale Zugehörigkeit zu bestimmten Listen.

Tabelle B3-1 zeigt die wichtigsten Erfolgsfaktoren und Werbemittel der Kandidaten, die vor allem ihre Partei und die Spitzenkandidaten unterstützen wollten. Für sie waren die gleichen Erfolgsfaktoren besonders wichtig, die wir schon in der allgemeinen Analyse ermittelt haben, nämlich:

- Kandidatur für eine etablierte Partei
- Wahlkampf-Budget
- Bekanntheitsgrad
- bisherige politische Karriere

Dazu wurden als wichtigste Werbemittel wiederum die Podiumsdiskussionen und Referate sowie die Einzelinserate genannt. Lediglich der Bisherigenbonus hatte für die «Unterstützungskandidaten» eine deutlich geringere Bedeutung, setzten doch die wenigsten Bisherigen einen Schwerpunkt auf die Unterstützung

---

5 Rechtlich gesehen ist eine Unterstützerliste eine Liste wie jede andere. Besonderes Merkmal der Unterstützerliste ist ihre Listenverbindung mit der Hauptliste der Mutterpartei. In der Praxis ist es unwahrscheinlich, dass eine Unterstützerliste selbst Mandate gewinnt. Sie trägt jedoch nicht selten zum Erfolg der Hauptliste bei. Vgl. Kapitel B1, «Wahlerfolg der Partei».

Tabelle B3-1:
Der Einfluss der Erfolgsfaktoren und Werbemittel auf den relativen Wahlerfolg derjenigen Kandidaten, die in erster Linie die Spitzenkandidaten ihrer Partei unterstützen wollten.

Erfolgsfaktor oder Werbemittel	Zuordnung*	β-Koeffizient**
Kandidatur für eine etablierte Partei	A	0,347
Wahlkampf-Budget	E	0,214
Bekanntheitsgrad (1 Jahr vor Wahltag)	A	0,130
politische Karriere (Index)	A	0,101
Podien / Referate	M	0,096
Bisherigenbonus	A	0,076
Einzelinserate	M	0,068
Unterstützungskomitee (Anz. Mitglieder)	E	0,068
Standaktionen / Strassenwahlkampf	M	0,053
Wahlkampfstrategie	V	0,051
selbst verfasste Artikel	M	0,050
Auftritte in der TV-Sendung «Arena»	M	0,046
Teilnahme an Smartvote	M	0,045

* Zuordnung zu den drei Gruppen der Erfolgsfaktoren (vgl. Seite 84):
A = Anker-Faktor
E = Engagement-Faktor
V = Verpackungs-Faktor
M = Mittel (Werbemittel oder Massnahme)

** Der β-Koeffizient wird in Kapitel B2 auf Seite 95 erklärt.

Lesebeispiel: Der erfolgversprechendste Faktor für «Unterstützungskandidaten» war es, für eine etablierte Partei zu kandidieren.

ihrer Spitzenkandidaten. Für sie ging es verständlicherweise in erster Linie um die Verteidigung ihres eigenen Mandats.

Einige Erfolgsfaktoren und Werbemittel trugen überdurchschnittlich zum Erfolg bei. Dazu gehörten der Strassenwahlkampf und Standaktionen, das Verfassen eigener Artikel sowie die Teilnahme an der Smartvote-Wahlhilfe. Für Kandidaten, die primär andere unterstützen wollten, empfahl sich eine durchdachte Wahlkampfstrategie. Auch ein Unterstützungskomitee war hilfreich. Andere Erfolgsfaktoren und Werbemittel hatten für die «Unterstützungs-kandidaten» hingegen weniger Bedeutung. Dazu zählten ein eige-ner Wahlkampfstab, TV-Interviews und die Teilnahme an Parteiver-anstaltungen. Ebenfalls weniger erfolgversprechend waren Direct Mail, Leserbriefe, Gemeinschaftsinserate, Flyer und elektronische Postkarten.

Die längerfristig angelegte Strategie

Eine erstmalige Kandidatur kann ein wichtiger Schritt sein, um in den nächsten Wahlen zu den aussichtsreichen Kandidaten zu gehören. In unserer Befragung gaben immerhin 18 Prozent der Respondenten die langfristigen Ziele ihrer geplanten politischen Karriere als Grund für ihre Kandidatur an. Ein sofortiger Erfolg war dennoch nicht aus-geschlossen: Einige Kandidaten, die eigentlich nur ihre Ausgangsla-ge verbessern wollten, zogen stracks in den Nationalrat ein.

Tabelle B3-2 zeigt die wichtigsten Erfolgsfaktoren und Werbemittel für die Kandidaten, die langfristig eine politische Karriere auf natio-naler Ebene planten.

Die Kandidatur für eine etablierte Partei und das Wahlkampf-Bud-get waren die beiden wichtigsten Erfolgsfaktoren. Der Bisherigen-bonus und die bisherige politische Karriere spielten hingegen kei-ne Rolle. Zu Beginn einer Karriere hat man in dieser Hinsicht noch nicht viel vorzuweisen. Grossen Einfluss auf einen Wahlerfolg der Kandidaten, die langfristig eine nationale Karriere planten, übten ein Wahlkampfstab sowie ein Unterstützungskomitee aus. Das Unterstutzungskomitee kann bei zukünftigen Wahlen einfach re-aktiviert werden und somit eine wichtige Basis legen. Ausserdem lohnte sich die Arbeit an den Verpackungs-Faktoren, vor allem die Ausarbeitung einer Wahlkampfstrategie und die Medienarbeit.

Die erfolgreichsten Werbemittel stellten selbst verfasste Zeitungs-artikel und Einzelinserate dar. Auch die Teilnahme an der Smartvote-Wahlhilfe wirkte sich auf das Wahlergebnis überdurchschnittlich po-sitiv aus. Negativ ins Gewicht fielen hingegen ein eigener Internet-Auftritt sowie grosse Plakate. Das heisst aber nicht zwangsläufig, dass diese Mittel einem möglichen Erfolg entgegenwirkten. Wir ge-hen davon aus, dass sie zu viel finanziellen und zeitlichen Aufwand bedeuteten und andere Werbemittel deshalb zu kurz kamen.

Tabelle B3-2:
Der Einfluss der Erfolgsfaktoren und Werbemittel auf den relativen Wahlerfolg derjenigen Kandidaten, die langfristig eine Karriere auf nationaler Ebene planten.

Erfolgsfaktor oder Werbemittel	Zuordnung*	β-Koeffizient**
Kandidatur für eine etablierte Partei	A	0,339
Wahlkampf-Budget	E	0,280
Wahlkampfstab (Arbeitsaufwand in Std.)	E	0,127
Wahlkampfstrategie	V	0,097
Unterstützungskomitee (Anz. Mitglieder)	E	0,088
Auftritte in der TV-Sendung «Arena»	M	0,087
Medientauglichkeit	V	0,086
selbst verfasste Artikel	M	0,086
Bekanntheitsgrad	A	0,084
Teilnahme an Smartvote	M	0,078
Einzelinserate	M	0,077
Medienpräsenz	V	0,074
Kampagnendauer	V	0,068
Image der Partei auf nationaler Ebene	A	0,068

* Zuordnung zu den drei Gruppen der Erfolgsfaktoren (vgl. Seite 84):
  A = Anker-Faktor
  E = Engagement-Faktor
  V = Verpackungs-Faktor
  M = Mittel (Werbemittel oder Massnahme)

** Der β-Koeffizient wird in Kapitel B2 auf Seite 95 erklärt.

Lesebeispiel: Die Kandidatur für eine etablierte Partei war für Kandidaten, die langfristig eine Karriere auf nationaler Ebene planten, am erfolgversprechendsten.

Die Positionierung für kantonale oder kommunale Ämter

Der Bekanntheitsgrad und die bisherige politische Laufbahn eines Kandidaten spielen nicht nur bei nationalen Wahlen eine Rolle. Entsprechend kann eine Kandidatur bei den Nationalratswahlen auch das Ziel verfolgen, sich für Ämter auf kantonaler oder kommunaler Ebene ins Gespräch zu bringen. Tabelle B3-3 zeigt, welche Erfolgsfaktoren und Werbemittel bei diesem Kandidatentyp zu einem hohen Stimmenanteil beitrugen.

Tabelle B3-3:
Der Einfluss der Erfolgsfaktoren und Werbemittel auf den relativen Wahlerfolg derjenigen Kandidaten, die mit ihrer Kandidatur vor allem ein Mandat auf kantonaler oder kommunaler Ebene anstrebten.

Erfolgsfaktor oder Werbemittel	Zuordnung*	β-Koeffizient**
Kandidatur für eine etablierte Partei	A	0,372
Wahlkampf-Budget	E	0,260
Einzelinserate	M	0,169
Bekanntheitsgrad (1 Jahr vor Wahltag)	A	0,110
Parteiversammlungen	M	0,084
TV-Interviews	M	0,078
Auftritte in der TV-Sendung «Arena»	M	0,077
politische Karriere (Index)	A	0,066
selbst verfasste Artikel	M	0,061
Kampagnendauer	V	0,055
Image der Partei auf nationaler Ebene	A	0,055
Teilnahme an Smartvote	M	0,052
gedruckte Postkarten	M	0,049

* Zuordnung zu den drei Gruppen der Erfolgsfaktoren (vgl. Seite 84):
A = Anker-Faktor
E = Engagement-Faktor
V = Verpackungs-Faktor
M = Mittel (Werbemittel oder Massnahme)

** Der β-Koeffizient wird in Kapitel B2 auf Seite 95 erklärt.

Lesebeispiel: Die Kandidatur für eine etablierte Partei war für Politiker mit kantonalen oder kommunalen Ambitionen am erfolgversprechendsten.

Neben der Kandidatur für eine etablierte Partei und dem Wahlkampf-Budget beeinflussten der Bekanntheitsgrad und die bisherige politische Karriere den Wahlerfolg wesentlich. Diese Faktoren sind für eine kantonale oder kommunale Karriere ebenso wichtig wie für Ambitionen auf nationaler Ebene.

Herausragendes Werbemittel waren die Einzelinserate, während Referate und die Teilnahme an Podiumsdiskussionen nur eine untergeordnete Rolle spielten. Die Wirkung von Parteiversammlungen und Auftritten im Fernsehen war hingegen gut. Das Gleiche galt für selbst verfasste Artikel. Leserbriefe, Flyer und Gemeinschaftsinserate blieben hingegen ohne grossen Effekt. Zudem ist zu vermuten, dass grosse Plakate und ein eigener Internet-Auftritt zu viele Ressourcen banden.

Die Sachpolitik als Hauptmotivation

Welche Rolle die Sachpolitik in Wahlkämpfen spielt, ist nicht nur unter den Beteiligten, sondern auch in der Forschung sehr umstritten. Allgemein wird beklagt, dass die Massenmedien die Politik sehr personalisiert abbilden. Dadurch würden Sachthemen immer mehr in den Hintergrund gedrängt.

Die Schweiz ist in dieser Beziehung ein Sonderfall. Praktisch nirgendwo sonst auf der Welt finden so viele Volksabstimmungen statt. Die faktische Dauerpräsenz der Sachpolitik könnte zu der Annahme führen, dass diese bei Parlamentswahlen eine untergeordnete Rolle spielt. Doch das ist nicht der Fall. Sachpolitik bleibt wichtig. Anders ausgedrückt: Es geht immer noch um Inhalte, nicht nur um Personen und die Verpackung. Dazu trägt sicher bei, dass die Wahlen in den Kantonen ausgetragen werden und national einheitliche Kampagnen nur punktuell möglich sind. Auch die Viersprrachigkeit erschwert einen Auftritt, der auf nationaler Ebene seine volle Durchschlagskraft entfalten kann. Zudem fehlen in der Regel die finanziellen Mittel für grosse Wahlkampagnen.

Von den 1434 Respondenten nannten 421, also etwa jeder Dritte, die Sachpolitik als einen der Hauptgründe ihrer Kandidatur. Tabelle B3-4 zeigt die Erfolgsmittel der Sachpolitiker.

Tabelle B3-4:
Der Einfluss der Erfolgsfaktoren und Werbemittel auf den relativen Wahlerfolg derjenigen Kandidaten, die in erster Linie auf sachpolitische Themen aufmerksam machen wollten.

Erfolgsfaktor oder Werbemittel	Zuordnung*	β-Koeffizient**
Kandidatur für eine etablierte Partei	A	0,337
Wahlkampf-Budget	E	0,258
Podien / Referate	M	0,151
Bisherigenbonus	A	0,115
professionelle Unterstützung	E	0,105
selbst verfasste Artikel	M	0,091
TV-Interviews	M	0,090
Bekanntheitsgrad (1 Jahr vor Wahltag)	A	0,082
Mitgliedschaft in Organisationen	A	0,081
Auftritte in der TV-Sendung «Arena»	M	0,077
gedruckte Postkarten	M	0,055

* Zuordnung zu den drei Gruppen der Erfolgsfaktoren (vgl. Seite 84):
A = Anker-Faktor
E = Engagement-Faktor
V = Verpackungs-Faktor
M = Mittel (Werbemittel oder Massnahme)

** Der β-Koeffizient wird in Kapitel B2 auf Seite 95 erklärt.

Lesebeispiel: Die Kandidatur für eine etablierte Partei war für Kandidaten, die auf Sachpolitik aufmerksam machen wollten, am meisten erfolgversprechend.

In der Vermittlung von sachpolitischen Themen spielten der Bisherigenbonus und der Bekanntheitsgrad eine wichtige Rolle, waren jedoch nicht so bedeutend wie im Wahlkampf überhaupt. Die Mitgliedschaft in Organisationen, ein Erfolgsfaktor, der sonst keine Rolle spielte, kam dieser Kandidatengruppe sehr zugute. Ebenfalls sehr wichtig war die Unterstützung durch professionelle Berater. Das legt die Vermutung nahe, dass Werbe- und PR-Agenturen in der Schweiz – nicht zuletzt aufgrund der Bedeutung von Volksabstimmungen – eher auf Sachpolitik spezialisiert sind.

Der wichtigste Faktor für Kandidaten, die die Sachpolitik in den Vordergrund stellten, waren Podiumsdiskussionen und Referate. Das Verfassen von Zeitungsartikeln und Auftritte im Fernsehen spielten ebenfalls eine wichtige Rolle. Daneben verfehlte auch das Verteilen von gedruckten Postkarten seine Wirkung nicht. Als wenig effizient erwiesen sich hingegen Plakate sowie Porträts in der Presse. Auch Einzelinserate waren für diesen Kandidatentypus nicht erfolgreich.

b) Die jungen Kandidierenden

Die Mitglieder eines Parlaments können unmöglich alle Eigenschaften und Merkmale der Bevölkerung proportional genau widerspiegeln. Das Wahlrecht beschränkt sich in der Regel darauf, eine angemessene Vertretung der verschiedenen politischen Ausrichtungen und der verschiedenen Landesteile im Parlament zu gewährleisten. So werden die Nationalratssitze nach Bevölkerungsstärke an die Kantone und innerhalb der Kantone nach Parteistärke an die Parteien vergeben. Dazu kamen in den letzten Jahrzehnten verstärkte Bemühungen um eine angemessene Vertretung der Frauen. Bezüglich anderer Merkmale wie der sozialen Herkunft oder der Berufe bleiben die Ungleichgewichte in den Parlamenten aber weiterhin bestehen.

Eine besondere Stellung hat in dieser Hinsicht das Alter der Parlamentarier. Zu den am stärksten untervertretenen Gruppen gehören die jüngeren Generationen. Das hat zum grossen Teil natürliche Ursachen. So ist das aktive und das passive Wahlrecht an ein Mindestalter gebunden. In der Schweiz wurde das allgemeine Stimm- und Wahlrecht Anfang der 1990er-Jahre von 20 auf 18 Jahre gesenkt. Verschiedentlich wird inzwischen eine weitere Senkung auf 16 Jahre diskutiert.

Nachdem ein politisch ambitionierter Schweizer Bürger volljährig geworden ist, muss er seine Karriere erst einmal aufbauen. Das beginnt in der Regel in den Gemeinden und braucht einen langen Atem. So erstaunt es nicht, dass Kandidaten unter 40 auf den Hauptlisten der Parteien oft stark untervertreten sind. Dank der Möglichkeit der Listenverbindung treten allerdings viele Jungparteien mit eigenen Listen an. So waren bei den Nationalratswahlen 2003 über 40 Prozent der Kandidaten noch keine 40 Jahre alt.

Für die «U40»-Kandidaten, die auf der Hauptliste einer grösseren Partei antraten, war ein Erfolg nicht ausgeschlossen. So wurden 19 Personen, die im Jahr 2003 ihr 40. Lebensjahr noch nicht vollendet hatten, in den Nationalrat gewählt. Von ihnen nahmen 13 an unserer Befragung teil. Es zeigte sich, dass die Anker-Faktoren Bisherigenbonus und Bekanntheitsgrad auch in ihrem Fall schon eine Rolle spielten.

Tabelle B3-5 zeigt grafisch dargestellt die Altersverteilung der Kandidaten für den Nationalrat 2003. Die Kandidaten auf den Listen der Jungparteien sind hellgrau dargestellt.

Tabelle B3-5:
Altersverteilung der 1434 Kandidaten, die an unserer Befragung teilgenommen haben.

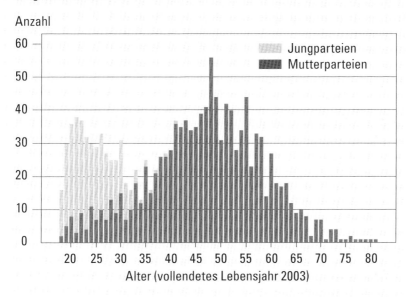

Lesebeispiel: Von den 30-jährigen Kandidierenden traten 15 für eine Mutterpartei an, 16 für eine Jungpartei.

Die grafische Darstellung zeigt zwei wichtige Fakten auf: Die Listen der Jungparteien konnten die Unterrepräsentation der jüngeren Generation unter den Kandidaten weitgehend kompensieren. Gleichzeitig wird jedoch eine Lücke bei den 30- bis 40-Jährigen ersichtlich. Diese Lücke ist ein strukturelles Problem, welches den Parteien in dieser Deutlichkeit womöglich gar nicht bewusst ist. Junge Menschen haben die Möglichkeit, ihre politische Karriere bereits frühzeitig voranzutreiben, indem sie sich auf einer Unterstützerliste aufstellen lassen. Dieses Engagement für eine Jungpartei führt danach jedoch nicht nahtlos zu einer Kandidatur auf einer Hauptliste. Vermutlich ist dies mit ein Grund, weshalb sich viele Junge in dieser Phase von der aktiven Politik abwenden. Wir empfehlen daher, den 30- bis 35-Jährigen die Listen der Jungparteien stärker zu öffnen. Auf der anderen Seite sollten die Parteien die 30- bis 40-Jährigen, die sich in den Jungparteien aktiv eingesetzt haben, auf ihren Hauptlisten stärker berücksichtigen – in ihrem eigenen Interesse. Tabelle B3-6 zeigt die Faktoren und Werbemittel der Unter-40-Jährigen, die am erfolgversprechendsten waren.

Tabelle B3-6:
Der Einfluss der Erfolgsfaktoren und Werbemittel auf den relativen Wahlerfolg derjenigen Kandidaten, die im Wahljahr 2003 das 40. Lebensjahr noch nicht vollendet hatten.

Erfolgsfaktor oder Werbemittel	Zuordnung*	β-Koeffizient**
Kandidatur für eine etablierte Partei	A	0,306
Wahlkampf-Budget	E	0,242
Bekanntheitsgrad (1 Jahr vor Wahltag)	A	0,166
Wahlkampfstab (Arbeitsaufwand in Std.)	E	0,142
Einzelinserate	M	0,116
Unterstützung von Organisationen	E	0,094
Bisherigenbonus	A	0,093
Politische Karriere (Index)	A	0,085
Podien / Referate	M	0,077
TV-Interviews	M	0,065
Teilnahme an Smartvote	M	0,060
gedruckte Postkarten	M	0,049
selbst verfasste Artikel	M	0,049

* Zuordnung zu den drei Gruppen der Erfolgsfaktoren (vgl. Seite 84):
  A = Anker-Faktor
  E = Engagement-Faktor
  V = Verpackungs-Faktor
  M = Mittel (Werbemittel oder Massnahme)

** Der β-Koeffizient wird in Kapitel B2 auf Seite 95 erklärt.

Lesebeispiel: Die Kandidatur für eine etablierte Partei war für junge Kandidaten am erfolgversprechendsten.

Für junge Kandidaten spielten die vier Anker-Faktoren eine ähnlich wichtige Rolle wie für die älteren. Die Anker-Faktoren heissen: Kandidatur für eine etablierte Partei, Bekanntheitsgrad, Bisherigenbonus und bisherige politische Karriere. Das unterstreicht, dass eine seriöse Karriereplanung bereits in jungen Jahren für den Erfolg unabdingbar ist. Besonders lohnte sich auch die Arbeit an den Engagement-Faktoren.

Die Verfügbarkeit eines ordentlichen Budgets und eines Wahlkampfstabs sowie die Unterstützung durch Organisationen beeinflusste den Erfolg dieser Kandidatengruppe noch stärker als bei älteren Generationen. Neben diesen drei Spitzenfaktoren wirkten Podien und Referate, Einzelinserate, TV-Interviews, gedruckte Postkarten sowie das Verfassen von Zeitungsartikeln gut. Ebenso lohnte es sich für jüngere Kandidaten, an der Smartvote-Wahlhilfe teilzunehmen. Weniger empfehlenswert waren Gemeinschaftsinserate, Direct Mail und elektronische Postkarten. Auch grossformatige Plakate erwiesen sich als zu aufwendig. Keinen positiven Effekt zeigte das Engagement im Strassenwahlkampf.

c) Die Parteien

Parteien unterscheiden sich in vielerlei Hinsicht: in ihrer Organisation, in ihrem Stil und Auftreten, in ihren Inhalten sowie in ihrem Image. Da liegt es nahe, dass auch unterschiedliche Wahlkampfmittel zum Erfolg führen können. Wir beschränken uns hier auf die Werbemittel und Auftrittsmöglichkeiten und lassen die Erfolgsfaktoren ausser Acht.[6]

Tabelle B3-7 zeigt die Werbemittel, die den Erfolg der Kandidaten der sechs grössten Parteien am stärksten beeinflussten. Neben den vier Bundesratsparteien wurden die Grünen und die EVP berücksichtigt.

---

6   Insbesondere was die Selbsteinschätzungen betrifft, können Verzerrungen auftreten, die unter Umständen von einzelnen Parteien negativ gewertet werden könnten. Daher geben die Autoren über Erfolgsfaktoren einzelner Parteien nur auf explizite Nachfrage Auskunft.

Tabelle B3-7:
**Erfolgreiche und weniger erfolgreiche Werbemittel
für Kandidaten der grossen Parteien.**

Werbemittel	SP	Grüne	EVP	CVP	FDP	SVP
Leserbriefe	-	o	o	-	-	-
selbst verfasste Artikel	+	+	o	-	+	+
Presseporträts / Interviews	o	o	o	+	o	o
eigener Internet-Auftritt	-	+	-	+	-	-
Radiointerviews	-	+	+	o	o	+
TV-Interviews	+	-	-	+	+	o
Auftritte in der TV-Sendung «Arena»	+	o	o	+	o	o
grosse Plakate ($\geq$ A2)	-	+	o	o	o	o
kleine Plakate ($<$ A2)	-	o	-	-	o	o
Einzelinserate	+	+	o	o	+	o
Gemeinschaftsinserate	o	o	o	o	-	-
gedruckte Postkarten	+	+	o	o	-	o
elektronische Postkarten	-	-	o	-	o	o
Flyer	o	o	-	o	o	-
Broschüren / Wahlzeitungen	o	+	-	-	o	+
Direct Mail	-	o	o	o	+	o
Wahlempfehlungsbriefe	-	o	o	+	-	-
Rundbriefe	o	o	o	o	o	o
Standaktionen / Strassenwahlkampf	o	+	+	o	o	o
Podien / Referate	o	o	+	+	+	+
Parteiversammlungen	o	o	+	+	+	o
Versammlungen anderer Organisationen	o	o	-	o	+	o
Teilnahme an Smartvote	+	-	+	-	o	o

+ = sehr gut geeignetes Werbemittel
o = geeignetes Werbemittel
- = weniger gut geeignetes bzw. weniger gut eingesetztes Werbemittel

Es gab einige Unterschiede zwischen den einzelnen Parteien: Während einige Mittel den Erfolg der Kandidaten bei allen Parteien ähnlich stark beeinflussten, trugen andere je nach Partei mehr oder weniger zum Erfolg bei. Beispielsweise half ein eigener Internet-Auftritt den Kandidaten der Grünen und der CVP besonders gut. Dafür stellte sich für sie die Smartvote-Wahlhilfe als weniger wirksam heraus. Die SVP-Kandidaten nutzten die meisten Werbemittel mit durchschnittlichem Erfolg, während im Fall der SP viele entweder besonders gut oder weniger gut wirkten. Die Kandidaten der Grünen konnten auf die grösste Auswahl an Werbemitteln zurückgreifen, die einen starken Einfluss auf den Wahlerfolg hatten.

Wir konnten dank den Smartvote-Daten für einen grossen Teil der Kandidaten auch ein inhaltliches Profil erstellen. Im Allgemeinen erwartet man von den Kandidaten, dass sie in Bezug auf Schwerpunktthemen ihrer Partei geschlossen auftreten. Die Realität sieht anders aus: Abweichende Meinungen kommen sehr oft vor. Das eröffnet den Kandidaten, sich inhaltlich auf beide Seiten zu profilieren: auf der Parteilinie oder gegen die Parteilinie, mit einem Schwerpunktthema der Partei oder mit einem Randthema der Partei.

Tabelle B3-8 zeigt die inhaltliche Übereinstimmung der einzelnen Kandidaten mit der Parteilinie für die sechs grössten Parteien. Die Parteilinie lässt sich aus dem Durchschnittswert der von allen Kandidaten einer Partei genannten Themen ermitteln.

Die linken Parteien zeigten eine deutlich grössere Geschlossenheit als die Bürgerlichen. Die inhaltliche Geschlossenheit führt zu einem entscheidenden Vorteil für die Partei: einem klaren Profil. Für die Kandidaten selbst hat das auch Nachteile. So kann beispielsweise nur ein begrenztes Wählerspektrum angesprochen werden.

Ein Resultat aus Tabelle B3-8 verblüfft: Während die SP und die Grünen sich bemühten, ein möglichst umfangreiches Themenspektrum abzudecken, setzten die Bürgerlichen individuelle Schwerpunkte. In Übereinstimmung mit ihren jeweiligen Traditionen legte beispielsweise die CVP einen Schwerpunkt auf die Familienpolitik und die FDP auf die Wirtschaftspolitik. Die SVP wiederum setzte auf die Ausländer- und Asylpolitik. Während die SP im Wahlkampf 2003 teilweise Schwierigkeiten hatte, alle ihre Schwerpunkte der Wählerschaft zu vermitteln, konnten die Bürgerlichen mit ihren Kampagnen andererseits nur ein begrenztes Publikum ansprechen.

Tabelle B3-8:
Die inhaltliche Geschlossenheit der Parteien in Bezug auf sachpolitische Themen (Daten der Smartvote-Wahlhilfe).

Themen	SP	Grüne	EVP	CVP	FDP	SVP
Soziales / Familie	++	++	o	-	-	-
Aussenpolitik / Sicherheit	++	+	-	-	-	o
Bildung / Wissenschaft	+	o	--	--	--	--
Steuern / Finanzen	++	+	-	-	o	+
Gesellschaft / Ethik	++	++	o	--	-	-
innere Sicherheit	+	+	--	--	-	+
Migration	++	++	-	--	--	+
Wirtschaft	o	o	-	--	-	-
Umwelt, Energie, Verkehr	++	++	o	--	--	-
Institutionen / Volksrechte	o	o	--	o	--	--
durchschnittliche Abweichung	*13,6%*	*15,7%*	*27,1%*	*30,5%*	*27,9%*	*24,6%*

++ = ∅ Abweichung der Kandidaten von der Parteilinie: < 15 %
+ = ∅ Abweichung der Kandidaten von der Parteilinie: 15 – 20 %
o = ∅ Abweichung der Kandidaten von der Parteilinie: 20 – 25 %
- = ∅ Abweichung der Kandidaten von der Parteilinie: 25 – 30 %
-- = ∅ Abweichung der Kandidaten von der Parteilinie: > 30 %

Fazit: Für die Planung von Wahlkampagnen ist es wichtig, dass die eigenen Themen im Zentrum des Interesses stehen. Das ist allerdings selbst mit einer aufwendigen Kampagne nur beschränkt möglich. Es lohnt sich daher, die Volksabstimmungen in einem Wahljahr in die strategische Ausrichtung der Kampagne einzubeziehen. Gewisse Themen spielen eine deutlich kleinere Rolle als vermutet. Bei den Nationalratwahlen 2003 war das mit dem thematischen Dauerbrenner «Europa» der Fall.

d) Die Zufriedenheit mit dem persönlichen Wahlergebnis

In Kapitel B1 haben wir aufgezeigt, wie vielschichtig der Wahlerfolg ist. In diesem Abschnitt geht es nun um den subjektiven Wahlerfolg. Die geeignete Messgrösse dafür stellt die direkte Frage nach der Zufriedenheit mit dem persönlichen Wahlergebnis dar. Die Antworten darauf untersuchten wir in Abhängigkeit der verschiedenen Erfolgsfaktoren und Werbemittel.

Tabelle B3-9:
Der Einfluss der Erfolgsfaktoren und Werbemittel auf die Zufriedenheit mit dem persönlichen Wahlergebnis.

Erfolgsfaktor oder Werbemittel	Zuordnung*	β-Koeffizient**
Medienpräsenz	V	0,205
direkter Kontakt mit dem Volk	V	0,204
persönliches Aussehen	V	0,128
Bisherigenbonus	A	0,106
Medientauglichkeit	V	0,101
Wahlkampfstrategie	V	0,098
Podien / Referate	M	0,085
Wahlkampfstab (Arbeitsaufwand in Std.)	E	0,074
Radiointerviews	M	0,060
Presseporträts & Interviews	M	0,053

* Zuordnung zu den drei Gruppen der Erfolgsfaktoren (vgl. Seite 84):
A = Anker-Faktor
E = Engagement-Faktor
V = Verpackungs-Faktor
M = Mittel (Werbemittel oder Massnahme)

** Der β-Koeffizient wird in Kapitel B2 auf Seite 95 erklärt.

Lesebeispiel: Die Medienpräsenz, die zu den Verpackungs-Faktoren (V) gehört, trug am meisten zu einem zufriedenstellenden Abschneiden bei.

Die persönliche Zufriedenheit hing stark von den Verpackungs-Faktoren ab. Das zeigt, dass das persönliche Erfolgsgefühl stark von der Wahlkampfführung beeinflusst war. Insbesondere die Bewertung der eigenen Medienpräsenz beeinflusste die Zufriedenheit wesentlich. Obwohl die Verpackungs-Faktoren von Werbe- und PR-

Beratern gut inszeniert und verstärkt werden können, waren die Kandidaten mit deren Unterstützung eher unzufrieden. Das deutet darauf hin, dass die Kampagnen zu wenig auf die einzelnen Kandidaten zugeschnitten wurden. Es könnte aber auch ein Hinweis darauf sein, dass die professionellen Berater nicht vollumfänglich akzeptiert wurden.

Die Bedeutung von Podiumsdiskussionen, Referaten und Radiointerviews wurde von den Kandidaten richtig eingeschätzt, die Wirkung von Einzelinseraten hingegen stark unterschätzt. Kandidaten, die sich im Strassenwahlkampf engagierten, waren mit ihren Ergebnissen eher unzufrieden. Das könnte auch an negativen Reaktionen liegen, denen man vor allem auf der Strasse immer wieder ausgesetzt ist, oder an den grossen zeitlichen Investitionen.

Die Kandidatur für eine etablierte Partei, einer der wichtigsten Erfolgsfaktoren überhaupt, spielte bezüglich der Zufriedenheit mit dem Wahlergebnis keine Rolle. Das ist darauf zurückzuführen, dass Kandidaten kleinerer Parteien mit realistischen Erwartungen in die Wahlkampagne gingen.

Das Wahlkampf-Budget erscheint in dieser Detailanalyse auf der negativen Seite. Kandidaten, die viel Geld zur Verfügung hatten, waren mit ihrem Wahlergebnis also eher unzufrieden. Einerseits verbanden sie den hohen Einsatz an Mitteln mit zu hohen Erwartungen. Andererseits weist dieser negative Zusammenhang darauf hin, dass die finanziellen Mittel nicht immer optimal eingesetzt wurden.

Am Ende der Rangliste stehen das souveräne Auftreten und die Fachkompetenz. Diese Faktoren, die beide auf der Selbsteinschätzung der Kandidaten beruhen, akzentuierten die Unzufriedenheit mit dem persönlichen Wahlergebnis. Dies obwohl beide auf den tatsächlichen Erfolg praktisch keinen Einfluss hatten. Diese Unzufriedenheit lässt sich wahrscheinlich darauf zurückführen, dass die Bedeutung beider Faktoren überschätzt wurde.

e) Der Bekanntheitsgrad

Der Bekanntheitsgrad ist eine Dimension des Erfolgs, die nicht zwingend mit dem Wahlergebnis zusammenhängen muss. Er ist vor allem für Kandidaten wichtig, die eine langjährige Strategie verfolgen. Für die Messung des Bekanntheitsgrads konnten wir nicht auf objektive Daten zurückgreifen, sondern mussten mit Selbsteinschätzungen der Kandidaten arbeiten. Hier interessiert, inwiefern eine Kampagne den Bekanntheitsgrad verändern kann. Daher haben wir die Kandidaten gefragt, wie sie ihre Bekanntheit sowohl ein Jahr vor der Wahl als auch am Wahltag selbst einschätzten. Sie sollten sich dabei jeweils auf einer Skala von 0 (völlig unbekannt) bis 9 (allen bekannt) einstufen. Wir betrachten den Bekanntheitsgrad am Wahltag in Abhängigkeit zu der Bekanntheit ein Jahr zuvor, aber auch zu den anderen Erfolgsfaktoren und Werbemitteln.

Tabelle B3-10 gibt eine Übersicht darüber, wie die Kandidaten sich zu den beiden Zeitpunkten selbst einschätzten. Während sich ein Jahr vor dem Wahltag (hellgraue Balken) die meisten Kandidaten noch für relativ unbekannt hielten, stiegen die Werte am Wahltag (dunkle Balken) deutlich sichtbar an. Der Durchschnittswert erhöhte sich in diesem Zeitraum von 3,03 auf 4,01.

Tabelle B3-10:
Der Bekanntheitsgrad der Kandidaten ein Jahr vor dem Wahltag und am Wahltag selbst.

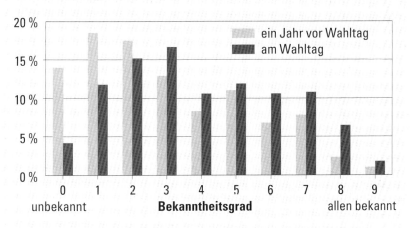

Lesebeispiel: Von den Kandidaten, die sich ein Jahr vor dem Wahltag als völlig unbekannt einstuften (Wert 0), sank dieser Prozentsatz bis zum Wahltag von 14 % auf 4 %.

Etwa 60 Prozent der Kandidaten konnten nach eigener Einschätzung ihren Bekanntheitsgrad im Wahljahr steigern. Fast 40 Prozent glaubten hingegen, dass ihnen dies nicht gelungen sei. Darunter fallen auch die meisten Spitzenpolitiker: Wer schon vorher fast allen bekannt war, konnte kaum noch bekannter werden. Knapp zwei Prozent der Kandidaten schätzten sich am Wahltag sogar als weniger bekannt ein als ein Jahr davor. Auch das ist plausibel: Wer ein Jahr vor dem Wahltag beispielsweise in Zusammenhang mit einer kantonalen Volksabstimmung im Rampenlicht stand, konnte danach wieder in den Hintergrund geraten.

Um ermitteln zu können, wie die Kampagnenführung den Bekanntheitsgrad am Wahltag beeinflusste, haben wir den gemeinsamen Einfluss aller Erfolgsfaktoren und Werbemittel auf den Bekanntheitsgrad am Wahltag gemessen. Tabelle B3-11 fasst die wichtigsten Faktoren und Mittel zusammen.

Tabelle B3-11:
Der Einfluss der Erfolgsfaktoren und Werbemittel auf den Bekanntheitsgrad am Wahltag.

Erfolgsfaktor oder Werbemittel	Zuordnung*	β-Koeffizient**
Bekanntheitsgrad (1 Jahr vor Wahltag)	A	0,735
Medienpräsenz	V	0,097
persönliche Ambitionen	E	0,066
Wahlkampf-Budget	E	0,048
Podien / Referate	M	0,043
Presseporträts / Interviews	M	0,041
grosse Plakate ($\geq$ A2)	M	0,040
direkter Kontakt mit dem Volk	V	0,039
TV-Interviews	M	0,028
Fachkompetenz	E	0,025
Medientrainings	V	0,023
persönliches Aussehen	V	0,023

* Zuordnung zu den drei Gruppen der Erfolgsfaktoren (vgl. Seite 84):
  A = Anker-Faktor
  E = Engagement-Faktor
  V = Verpackungs-Faktor
  M = Mittel (Werbemittel oder Massnahme)

** Der β-Koeffizient wird in Kapitel B2 auf Seite 95 erklärt.

Lesebeispiel: Die Medienpräsenz, die zu den Verpackungs-Faktoren (V) gehört, hatte am meisten Einfluss auf den Bekanntheitsgrad am Wahltag.

Wie nicht anders zu erwarten war, wurde der Bekanntheitsgrad am Wahltag vor allem durch den Bekanntheitsgrad ein Jahr vor dem Wahltag bestimmt. Der Bekanntheitsgrad ist eine Grösse, die sich im Verlauf der gesamten politischen Karriere entwickelt. Ihn innerhalb eines Jahres massiv zu vergrössern, ist nur begrenzt möglich, auch wenn dieses von einer intensiven Kampagne geprägt ist.

Folglich war der Einfluss der übrigen Erfolgsfaktoren und Werbemittel auf den Bekanntheitsgrad am Wahltag begrenzt. Positiv wirkten sich vor allem Verpackungs-Faktoren aus, allen voran die Medienpräsenz. Dabei halfen Interviews und Porträts. Ein Werbemittel, das den Bekanntheitsgrad massiv steigerte, stellten grossformatige Plakate dar. Auch die persönlichen Ambitionen der Kandidaten halfen – kein Wunder.

Auf der Negativseite standen hingegen die sonst dominierenden Anker-Faktoren politische Karriere, Bisherigenbonus und Kandidatur für eine etablierte Partei. Das lag daran, dass die Spitzenkandidaten schon ein Jahr vorher den meisten bekannt waren und sie ihren Bekanntheitsgrad folglich kaum noch steigern konnten. Wer bereits vorher in aller Munde war, konnte mit der Kampagne nur im Gespräch bleiben, aber nicht weiter zulegen.

f) Der Erfolg auf der eigenen Liste

Wer in ein Parlament einziehen will, muss nicht nur politische Gegner schlagen, sondern auch Kollegen auf der eigenen Liste hinter sich lassen. Ein zweischneidiges Schwert, da man sich ansonsten gemeinsam für eine Sache einsetzt und für den Erfolg der Partei kämpft. Gilt es als sicher, dass die Partei eines oder mehrere Mandate erringt, finden die härtesten Duelle nicht selten unter Parteikollegen statt. Zur Beschreibung dieses Phänomens wurde die Steigerung «Feind, Erzfeind, Parteifreund» geprägt.

Bei festen Listen, an deren Kandidatenreihenfolge der Wähler nichts ändern kann, finden diese Hahnenkämpfe hauptsächlich an Parteitagen und Nominierungsversammlungen statt. Anders verhält es sich im Fall flexibler Listen, wie sie in der Schweiz üblich sind. Hier wird der parteiinterne Konkurrenzkampf vor allem im Wahljahr ausgetragen. Nicht selten wird das zu einem Thema in den Medien.

Analysiert man die Erfolgsaussichten innerhalb einer Liste, muss der Listenplatz berücksichtigt werden. Wir haben in Kapitel B2 darauf hingewiesen, dass die Listen von Kanton zu Kanton und von

Partei zu Partei unterschiedlich zusammengestellt wurden. Entsprechend wurden entweder die ersten Listenplätze von den Wählern bestätigt, oder bekannte Persönlichkeiten, die auf der Liste weiter hinten platziert waren, machten einen Sprung nach vorne. Im Vergleich mit dem Listenplatz spielte der Bisherigenbonus meistens die wichtigste Rolle.

Betrachtet man die Erfolgsfaktoren und Werbemittel, die in den Nationalratswahlen 2003 zum Erfolg der eigenen Liste beitrugen, ergibt sich kein einheitliches Bild. Daher gehen wir in Kapitel B5 auf die einzelnen Kantone ein. Generell lässt sich festhalten, dass die Anker-Faktoren und die Präsenz in den elektronischen Medien in den meisten Fällen entscheidend für den Erfolg auf der eigenen Liste waren.

B4 – Als Frau ins Parlament: «Mission (Im)possible»?

Vorweg: In diesem Kapitel unterscheiden wird grammatikalisch zwischen der weiblichen und männlichen Form. Ein «Kandidat» ist in diesem Kapitel demnach definitiv ein Mann.

Die Gleichstellung der Geschlechter ist bis zum heutigen Tag ein thematischer Dauerbrenner. 1971 wurde in der Schweiz das Frauenstimmrecht eingeführt – notabene nach mehreren erfolglosen Anläufen. Der Gleichstellungsartikel folgte 1981. Ein wichtiger Aspekt der Gleichstellungsproblematik ist nach wie vor die Untervertretung der Frauen in politischen Ämtern. Im Oktober 2003 wurden 148 Männer und nur 52 Frauen in den Nationalrat gewählt. Das entspricht einem Frauenanteil von 26 Prozent.

Dieses Ungleichgewicht hat verschiedene Ursachen. Über die Problematik der Geschlechtervertretungen in Parlamenten und Exekutiven wurden zahlreiche wissenschaftliche und nichtwissenschaftliche Arbeiten verfasst. Wirklich unvoreingenommene, rein sachlich-analytische Erörterungen sind allerdings selten zu finden.

a) Das Parlament als Männerdomäne – weshalb?

Zunächst eine Klarstellung: Der niedrige Frauenanteil im Nationalrat und in den meisten Parlamenten auf kantonaler und kommunaler Ebene ist ein Problem der Gleichstellung, nicht der Gleichberechtigung. Nach langem, hartem Kampf haben die Frauen auch in der Schweiz die gleichen politischen Rechte errungen wie die Männer. Zwar wären rechtliche Regelungen wie feste Frauenquoten für das Parlament denkbar, doch würde dadurch die Auswahlfreiheit der Wählerinnen und Wähler eingeschränkt.

Zwischen dem relativen Gleichgewicht in der Bevölkerung – hier beträgt der Frauenanteil etwa 52 Prozent – und dem Ungleichgewicht in der Volksvertretung (26 Prozent) besteht also eine grosse Diskrepanz. Um diese zu erklären, beleuchten wir drei Aspekte separat:

• die Bereitschaft zur Kandidatur
• die Nomination durch die Parteien
• die eigentliche Wahl

1. Die Bereitschaft zur Kandidatur

Ein erstes Ungleichgewicht entsteht schon bei der unterschiedlichen Bereitschaft von Frauen und Männern, überhaupt eine Kandidatur ins Auge zu fassen. Auf den ersten Blick ist das weder ein
Problem der Gleichberechtigung noch der Gleichstellung, sondern
schlicht die subjektive Freiheit der Entscheidung. Hinter der persönlichen Entscheidung von Frauen, auf eine Kandidatur zu verzichten,
versteckt sich nicht selten eine Benachteiligung in Politik und Gesellschaft. So wird die – tatsächliche oder eingebildete – Chancen-
losigkeit eines Wahlerfolgs von vornherein antizipiert. Eine Prophe-
zeihung, die in diesem Fall zwangsläufig auch eintritt.

2. Die Nomination durch die Parteien

Nicht nur die potenziellen Kandidatinnen und Kandidaten selbst
können eine Kandidatur von ihren Erfolgsaussichten abhängig
machen, sondern auch die Parteien. Hier greift zuweilen die Kurz-
schluss-Argumentation einiger Parteistrategen: Es werden mehr
Männer gewählt, also stellen wir auch mehr Männer auf. Insbesondere im linken Parteienspektrum kam in den letzten Jahren als
Gegenmassnahme eine (freiwillige) Quotenregelung auf. Oft wird
beispielsweise auf der gesamten Liste jede zweite Position mit einer Frau besetzt. So kann das Ungleichgewicht, das durch die Bereitschaft zur Kandidatur entstanden ist, wieder ausgeglichen werden.

Tabelle B4-1 zeigt schweizweit die Frauen- und Männeranteile unter den für die Nationalratswahlen 2003 Kandidierenden der sechs
grössten Parteien.

Diese Grafik kann nicht aufzeigen, inwiefern das jeweilige Ungleichgewicht von der Bereitschaft zur Kandidatur bzw. von der Nomination abhängt. Obwohl die bürgerlichen Parteien im Gegensatz zu
der SP und den Grünen die paritätische Repräsentation der Frau-
en nicht gezielt unterstützen, kann ihnen nicht unterstellt werden,
dass sie Frauen bewusst benachteiligen.

Tabelle B4-1:

Geschlechterverteilung der Kandidierenden bei den sechs grössten Parteien.

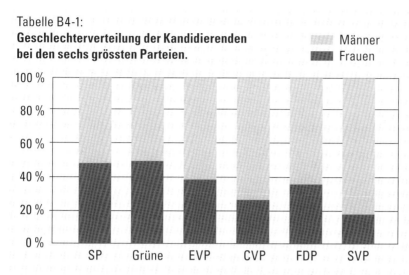

Lesebeispiel: Bei den Nationalratswahlen 2003 kandidierten bei der SP 48% Frauen.

3. Die eigentliche Wahl

In Wahlsystemen mit starren Listen steht die Erfolgsquote der Frauen mit der Aufstellung durch die Parteien bereits weitgehend fest. Bei flexiblen Listen, wie sie in der Schweiz Tradition haben, können die Wählerinnen und Wähler jedoch ihre eigene Auswahl treffen. Dadurch beeinflussen sie die Zusammensetzung des Parlaments stark. Insbesondere können Frauen oder Männer gezielt gewählt oder abgewählt werden. Wahlanalysen zeigen, dass in manchen Gegenden das Geschlecht der Kandidierenden tatsächlich noch eine Rolle spielt und die Frauen dort benachteiligt sind.

Die Auswahl der Kandidatinnen und Kandidaten durch das Stimmvolk zeigt jedoch nur einen Teil der Problematik. Der andere Teil liegt im Wahlkampf selbst: Manche Kandidierende haben mehr Mittel zur Verfügung als andere, oder sie sind gewandter im öffentlichen Auftritt. Es muss also keine spezielle Absicht der Wählerinnen und Wähler sein, wenn bevorzugt Männer gewählt werden. Sie haben vielleicht einfach intensiver für sich geworben.

Für die Wahlkampfmittel gilt dasselbe wie für die Bereitschaft zur Kandidatur: Es können Ungleichheiten im ausserpolitischen Bereich dafür verantwortlich sein, dass Frauen schlechter gestellt sind. Ein hoher Bekanntheitsgrad oder ein hohes Wahlkampf-

Budget resultieren beispielsweise nicht selten aus einer Karriere in der Wirtschaft.

Wir trennen in unserer Analyse die beiden Bereiche Wahlkampf und Auswahl durch das Stimmvolk. Unterschiedliche Wahlerfolge der Geschlechter, die sich weder auf kandidatenspezifische Erfolgsfaktoren (z.B. eine grosse Medienpräsenz) noch auf den Einsatz von Werbemitteln zurückführen lassen, wurden von den Wählerinnen und Wählern direkt verursacht.

Die Analyse erfolgt in drei Schritten. Zuerst untersuchen wir die Unterschiede zwischen Frauen und Männern in der Wahlkampfführung allgemein, d.h. wir vergleichen die Erfolgsfaktoren und die Werbemittel aller kandidierenden Frauen und Männer. In einem zweiten Schritt vergleichen wir die erfolgreichen Frauen mit den erfolgreichen Männern. Schliesslich untersuchen wir das Zusammenwirken der verschiedenen Erfolgsfaktoren und Werbemittel getrennt nach Geschlechtern.

b) Worauf setzten alle Kandidatinnen?

Waren die Frauen im Wahljahr 2003 in der Wahlkampfführung tatsächlich benachteiligt? Der Vergleich von Frauen und Männern in Bezug auf die Durchschnittswerte zeigt folgendes Ergebnis: Nur bei 3 von 22 Erfolgsfaktoren und bei 5 von 23 Werbemitteln lagen die Frauen vorne. Die Tabelle B4-2a führt dieses Ungleichgewicht deutlich vor Augen.

Tabelle B4-2a:
Korrelationen aller 45 Erfolgsfaktoren und Werbemittel mit dem Geschlecht.
Messgrösse: Alle 1434 Kandidierenden.

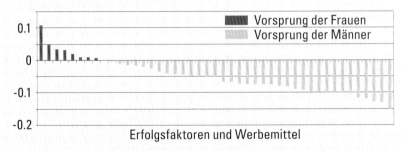

Lesebeispiel: Bei 8 Erfolgsfaktoren bzw. Werbemitteln haben die Frauen einen Vorsprung, bei insgesamt 37 die Männer.

Tabelle B4-2b:
Korrelationen aller 45 Erfolgsfaktoren und Werbemittel mit dem Geschlecht.
Messgrösse: Alle 1434 Kandidierenden.

Erfolgsfaktor oder Werbemittel	Zuordnung*	Korrelation** mit dem Wahlerfolg
Wo Frauen stärker waren:		
persönliches Aussehen	V	0,109
Teilnahme an Smartvote	M	0,048
Standaktionen / Strassenwahlkampf	M	0,034
Kandidatur für etablierte Partei	A	0,032
direkter Kontakt mit dem Volk	V	0,019
Broschüren / Wahlzeitungen	M	0,010
Versammlungen von Organisationen	M	0,009
gedruckte Postkarten	M	0,007
Image der Partei auf nationaler Ebene	A	0,000
Wo Männer stärker waren:		
Parteiversammlungen	M	-0,004
Medientrainings	V	-0,009
kleine Plakate (< A2)	M	-0,014
Rundbriefe	M	-0,018
Auftritte in TV-Sendung «Arena»	M	-0,020
Unterstützung von Organisationen	E	-0,025
Bisherigenbonus	A	-0,035
selbst verfasste Artikel	M	-0,041
elektronische Postkarten	M	-0,042
Podien / Referate	M	-0,044
professionelle Unterstützung	E	-0,046
Unterstützungskomitee (Anz. Mitglieder)	E	-0,046
Wahlkampfstab (Arbeitsaufwand in Std.)	E	-0,052
Kampagnendauer	V	-0,052
persönliche Ambitionen	E	-0,067
grosse Plakate (≥ A2)	M	-0,068

>> Fortsetzung

Tabelle B4-2b (Fortsetzung):
Korrelationen aller 45 Erfolgsfaktoren und Werbemittel mit dem Geschlecht.
Messgrösse: Alle 1434 Kandidierenden.

Erfolgsfaktor oder Werbemittel	Zuordnung*	Korrelation** mit dem Wahlerfolg
Mitgliedschaft in Organisationen	A	-0,073
Presseporträts / Interviews	M	-0,074
Wahlempfehlungsbriefe	M	-0,074
Flyer	M	-0,074
Gemeinschaftsinserate	M	-0,074
Medienpräsenz	V	-0,079
souveränes Auftreten	V	-0,081
eigener Internet-Auftritt	M	-0,090
Medientauglichkeit	V	-0,091
Einzelinserate	M	-0,096
politische Karriere (Index)	A	-0,097
Direct Mail	M	-0,098
Bekanntheitsgrad (1 Jahr vor Wahltag)	A	-0,098
TV-Interviews	M	-0,101
Wahlkampf-Budget	E	-0,103
Radiointerviews	M	-0,117
Meinungsführerschaft	E	-0,118
Wahlkampfstrategie	V	-0,128
Fachkompetenz	E	-0,130
Leserbriefe	M	-0,150

* Zuordnung zu den drei Gruppen der Erfolgsfaktoren (vgl. Seite 84):
A = Anker-Faktor
E = Engagement-Faktor
V = Verpackungs-Faktor
M = Mittel (Werbemittel oder Massnahme)

** Der Korrelationskoeffizient wird in Kapitel B2 auf Seite 90 erklärt.

Lesebeispiel: Beim Werbemittel Leserbriefe hatten die Männer gegenüber den Frauen den grössten Vorteil.

Die Tabelle B4-2b zeigt die Korrelationen zwischen den verschiedenen Erfolgsfaktoren und Werbemitteln einerseits und dem Geschlecht andererseits. Ein positiver Wert bedeutet, dass die Frauen bezüglich des jeweiligen Erfolgsfaktors im Schnitt besser dastanden als die Männer, bzw. dass die Frauen das betreffende Werbemittel intensiver nutzten als die Männer. Ein negativer Wert hingegen weist auf einen Vorsprung der Männer hin. Die Koeffizienten lagen fast alle zwischen – 0,1 und + 0,1. Das heisst, dass der Zusammenhang der meisten Grössen mit dem Geschlecht relativ schwach war. Die Vorteile der Männer in Bezug auf einzelne Erfolgsfaktoren und Werbemittel waren relativ gering. Doch die Summe machte den Unterschied aus: Die vielen kleinen Minuspunkte der Frauen summierten sich gesamthaft zu einem spürbaren Nachteil auf.

Zwei der Anker-Faktoren, also der Voraussetzungen, die sich im letzten Jahr vor dem Wahltag kaum mehr beeinflussen lassen, tauchen am Ende der Rangliste auf: der Index für die bisherige politische Karriere sowie der Bekanntheitsgrad. Für 2003 besagen die Werte dieser beiden Erfolgsfaktoren, dass Frauen im Schnitt weniger politische «Vorgeschichte» mitbrachten. Längerfristig wäre ein Ausgleich zwischen den Geschlechtern auf allen politischen Ebenen wünschenswert; von Frauen dominierte Kantons- oder Stadtregierungen sind ermutigende Zeichen dafür. Demgegenüber kam der Bisherigenbonus nicht nur den Männern zugute: Nationalrätinnen hatten ebenso gute Chancen auf eine Wiederwahl wie ihre männlichen Kollegen.

Auffallend ist, dass sich zahlreiche Engagement- und Verpackungs-Faktoren im unteren Drittel der Rangliste befinden. Bezüglich des Wahlkampf-Budgets zahlten sich die besseren Verbindungen vieler Kandidaten zur Wirtschaft aus. Trotzdem waren bei diesen Faktoren in erster Linie die Kandidatinnen selbst gefordert. In Sachen Fachkompetenz, Medientauglichkeit und -präsenz bewerteten die Kandidatinnen sich schlechter als ihre männlichen Kollegen. Das entspricht dem gängigen Vorurteil, und somit ist das ein wichtiger Punkt, an dem die Frauen ansetzen sollten, um in Zukunft selbstbewusster auftreten zu können. Bezüglich der Meinungsführerschaft wäre es auch die Aufgabe der Parteien, den Politikerinnen häufiger gute Auftrittsmöglichkeiten zu verschaffen.

Die Nachteile der Frauen im Umgang mit den Medien bestätigten sich bei einigen der erfolgreichsten Werbemittel: bei TV- und Radiointerviews sowie bei Inseraten. Bei Podiumsdiskussionen, Referaten, der Teilnahme an Parteiversammlungen sowie in der TV-Sendung «Arena» gab es hingegen keine bedeutenden Unterschiede zwischen den Geschlechtern.

c) Worauf setzten die erfolgreichen Kandidatinnen?

Trotz der aufgeführten Nachteile wurden im Oktober 2003 insgesamt 52 Frauen in den Nationalrat gewählt. Die Frage ist: Gelang ihnen dies trotz dieser Nachteile, oder waren die Erfolgsfaktoren und Werbemittel dieser Frauen mit denen der erfolgreichen Männern vergleichbar? Tabelle B4-3a vergleicht die gewählten Nationalrätinnen mit den gewählten Nationalräten und gibt eine eindeutige Antwort: Die gewählten Frauen hatten ähnlich gute Voraussetzungen und Ressourcen wie ihre männlichen Kollegen. Trotzdem «kopierten» sie die Männer nicht. Vergleicht man die Wahlkampf-profile der erfolgreichen Frauen und Männer, sind die Unterschiede zwischen den Geschlechtern deutlicher als bei der Gesamtheit aller Kandidierenden.

Tabelle B4-3a:
Korrelationen aller 45 Erfolgsfaktoren und Werbemittel mit dem Geschlecht.
Messgrösse: Alle 135 gewählten Nationalratsmitglieder, die an unserer Befragung teilgenommen haben.

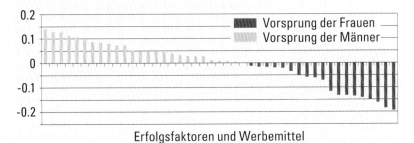

Erfolgsfaktoren und Werbemittel

Lesebeispiel: Bei 26 Erfolgsfaktoren bzw. Werbemitteln haben die Männer einen Vorsprung, bei insgesamt 19 die Frauen.

Die gewählten Frauen waren etwas weniger bekannt als die gewählten Männer, sie konnten aber vergleichbare politische Karrieren aufweisen. Andere Anker-Faktoren, wie die Mitgliedschaft in Organisationen oder die Kandidatur für etablierte Parteien, wirkten sich bei den Frauen sogar stärker aus. Was die Engagement- und Verpackungs-Faktoren betrifft, gibt es allerdings auch unter den erfolgreichen Frauen noch Aufholbedarf. Sie verfügten im Schnitt über ein geringeres Budget und konnten den generellen Vorteil ihrer Mitgliedschaft in verschiedenen Organisationen nicht in konkrete Unterstützung umwandeln. Auffällig waren auch die Defizite in der Entwicklung einer Wahlkampfstrategie. Andererseits konnten die erfolgreichen Frauen hinsichtlich ihrer Medienpräsenz mit

Tabelle B4-3b:
Korrelationen aller 45 Erfolgsfaktoren und Werbemittel mit dem Geschlecht.
Messgrösse: Alle 135 gewählten Nationalratsmitglieder.

Erfolgsfaktor oder Werbemittel	Zuordnung*	Korrelation** mit dem Wahlerfolg
Wo die gewählten Frauen stärker waren:		
Mitgliedschaft in Organisationen	A	0,141
Teilnahme an Smartvote	M	0,130
Auftritte in TV-Sendung «Arena»	M	0,128
TV-Interviews	M	0,113
Standaktionen / Strassenwahlkampf	M	0,106
persönliches Aussehen	V	0,096
Fachkompetenz	E	0,087
Kandidatur für etablierte Partei	A	0,084
nationales Image der Partei	A	0,080
elektronische Postkarten	M	0,073
Podien / Referate	M	0,073
gedruckte Postkarten	M	0,052
Kampagnendauer	V	0,049
Radiointerviews	M	0,049
eigener Internet-Auftritt	M	0,047
selbst verfasste Artikel	M	0,045
Unterstutzungskomitee (Anz. Mitglieder)	E	0,040
Broschüren / Wahlzeitungen	M	0,033
Medientauglichkeit	V	0,029
direkter Kontakt mit dem Volk	V	0,028
Parteiversammlungen	M	0,028
Medienpräsenz	V	0,011
persönliche Ambitionen	E	0,008
Rundbriefe	M	0,007
kleine Plakate (< A2)	M	0,004

>> Fortsetzung

Tabelle B4-3b (Fortsetzung):
Korrelationen aller 45 Erfolgsfaktoren und Werbemittel mit dem Geschlecht.
Messgrösse: Alle 135 gewählten Nationalratsmitglieder.

Erfolgsfaktor oder Werbemittel	Zuordnung*	Korrelation** mit dem Wahlerfolg
Wo die gewählten Männer stärker waren:		
Versammlungen von Organisationen	M	-0,001
souveränes Auftreten	V	-0,012
Meinungsführerschaft	E	-0,016
Wahlkampfstab (Arbeitsaufwand in Std.)	E	-0,017
politische Karriere (Index)	A	-0,019
Bisherigenbonus	A	-0,021
Direct Mail	M	-0,034
grosse Plakate ($\geq$ A2)	M	-0,050
Wahlkampf-Budget	E	-0,058
professionelle Unterstützung	E	-0,061
Unterstützung von Organisationen	E	-0,071
Bekanntheitsgrad (1 Jahr vor Wahltag)	A	-0,116
Gemeinschaftsinserate	M	-0,132
Einzelinserate	M	-0,133
Wahlempfehlungsbriefe	M	-0,136
Flyer	M	-0,141
Presseporträts / Interviews	M	-0,151
Medientrainings	V	-0,162
Wahlkampfstrategie	V	-0,185
Leserbriefe	M	-0,195

* Zuordnung zu den drei Gruppen der Erfolgsfaktoren (vgl. Seite 84):
  A = Anker-Faktor
  E = Engagement-Faktor
  V = Verpackungs-Faktor
  M = Mittel (Werbemittel oder Massnahme)

** Der Korrelationskoeffizient wird in Kapitel B2 auf Seite 90 erklärt.

Lesebeispiel: Beim Werbemittel Leserbriefe hatten die Männer gegenüber den Frauen den grössten Vorteil.

den erfolgreichen Männern mithalten, und bezüglich ihrer Fachkompetenz hatten sie sogar Vorteile.

Betrachtet man die Medienarbeit getrennt nach Geschlechtern, zeigt sich eine Diskrepanz zwischen den unterschiedlichen Medien. In Fernsehen, Radio und Internet waren die erfolgreichen Frauen präsenter als die erfolgreichen Männer, die jedoch in Porträts und Interviews der Printmedien öfter zum Zug kamen. Ein Grund für den Vorsprung der Frauen in Radio und Fernsehen könnte sein, dass diese Medien sich bewusst um eine angemessene Repräsentation der Geschlechter bemühten.

d) Wo hatten die Frauen die Nase vorn?

Nachdem wir gesehen haben, welche Erfolgsfaktoren und Werbemittel eher die Frauen begünstigten, drängt sich eine Frage auf: Welche dieser Faktoren und Mittel haben tatsächlich zum Erfolg der Frauen beigetragen?

Zur Beantwortung dieser Frage betrachten wir die gemeinsame Wirkung der verschiedenen Erfolgsfaktoren und Werbemittel getrennt nach Geschlecht. Wir führen für die weiblichen und die männlichen Kandidierenden jeweils eine Regression durch, in der wir die Abhängigkeit des relativen Wahlerfolgs von allen Erfolgsfaktoren und Werbemitteln gesamthaft messen. Anders als im letzten Analyseschritt des Kapitels B2 oder in den Detailanalysen des Kapitels B3 fokussieren wir hier jedoch nicht auf die wirksamsten Faktoren und Mittel. Vielmehr konzentrieren wir uns auf die Abweichungen von den dortigen Ergebnissen. Diese Abweichungen sind gleichbedeutend mit den Unterschieden zwischen den beiden Geschlechtern. Wir listen in den folgenden beiden Tabellen die Faktoren und Mittel auf, in deren Erfolgswirkung sich die Geschlechter am stärksten voneinander unterschieden – unabhängig von der jeweiligen absoluten Wirkung. Auf Mittel, die seitens beider Geschlechter gleich stark oder gleich schwach zum Erfolg beitrugen, gehen wir nicht mehr ein. Daher sind die folgenden Betrachtungen als Ergänzungen zur Analyse in Kapitel B2 – insbesondere zu Tabelle B2-11 – zu verstehen.

Tabelle B4-4 zeigt die «frauentypischen» Erfolgsfaktoren und Werbemittel. Sie sind nicht nach der Grösse des Unterschieds zwischen Frauen und Männern, sondern nach ihrer Erfolgswirkung für die Kandidatinnen (β Frauen) sortiert.

Tabelle B4-4:
Erfolgsfaktoren und Werbemittel, die bei den Frauen eine stärkere Wirkung zeigten als bei den Männern.

Erfolgsfaktor oder Werbemittel	Zuordnung*	β Frauen**	β Männer**
Wahlkampf-Budget	E	0,291	0,198
Parteiversammlungen	M	0,097	0,033
Image der nationalen Partei	A	0,061	-0,009
Rundbriefe	M	0,053	-0,016
Meinungsführerschaft	E	0,030	-0,017
gedruckte Postkarten	M	0,027	-0,017
Broschüren / Wahlzeitungen	M	0,021	-0,011
Fachkompetenz	E	0,015	-0,058
Direct Mail	M	0,008	-0,039
Leserbriefe	M	-0,007	-0,070

* Zuordnung zu den drei Gruppen der Erfolgsfaktoren (vgl. Seite 84):
A = Anker-Faktor
E = Engagement-Faktor
V = Verpackungs-Faktor
M = Mittel (Werbemittel oder Massnahme)

** Der β-Koeffizient wird in Kapitel B2 auf Seite 95 erklärt.

Ist ein Faktor oder Mittel nicht aufgeführt, so waren die beiden β-Koeffizienten ungefähr gleich gross, d.h. der Einfluss der betreffenden Grösse auf Frauen und Männer war vergleichbar.

Lesebeispiel: Unter den Faktoren, die für Frauen wichtiger waren als für Männer, war das Wahlkampf-Budget der bedeutendste.

An erster Stelle steht das Wahlkampf-Budget. Wir haben aufgezeigt, dass hier die Männer im Vorteil waren. Selbst die erfolgreichen Frauen konnten diesbezüglich nicht gleichziehen. Dabei wäre für sie angesichts der vielen Nachteile eine gut gefüllte «Kriegskasse» umso wichtiger. Das Image der Partei auf nationaler Ebene wirkte sich insgesamt gesehen auf die Kandidatinnen und Kandidaten nicht unterschiedlich aus, obschon es für die erfolgreichen Frauen ein wichtiger Faktor war. Hier liegt die Ursache womöglich darin, dass sich die Männer selbst bei einem schlechten Image der eigenen Partei besser verkauften als die Frauen.

Die beiden Engagement-Faktoren Meinungsführerschaft und Fachkompetenz fallen schon bei einem Vergleich der Tabellen B4-2b
und B4-3b auf. Während die Kandidatinnen insgesamt deutlich
hinter ihren männlichen Kollegen lagen, holten die gewählten Nationalrätinnen diesen Rückstand auf oder erreichten sogar einen
Vorsprung. Was die Werbemittel angeht, punkteten die Frauen vor
allem mit Drucksachen, d.h. mit Rundbriefen, Broschüren, Wahlzeitungen und Postkarten.

Tabelle B4-5 ist das Gegenstück zu Tabelle B4-4 und zeigt die Faktoren und Mittel auf, mit denen die Männer mehr Erfolg hatten.
Auch hier sind die einzelnen Faktoren und Mittel nach ihrer Erfolgswirkung für die Kandidatinnen (β Frauen) angeordnet.

Tabelle B4-5:
**Erfolgsfaktoren und Werbemittel, die bei den Frauen eine
schlechtere Wirkung zeigten als bei den Männern.**

Erfolgsfaktor oder Werbemittel	Zuordnung*	β Frauen**	β Männer**
Bekanntheitsgrad (1 Jahr vor Wahltag)	A	0,080	0,176
Podien / Referate	M	0,036	0,108
Medienpräsenz	V	-0,008	0,037
Radiointerviews	M	-0,029	0,045
Medientrainings	V	-0,041	0,035
Professionelle Unterstützung	E	-0,060	0,016
Presseporträts / Interviews	M	-0,067	0,023

* Zuordnung zu den drei Gruppen der Erfolgsfaktoren (vgl. Seite 84):
  A = Anker-Faktor
  E = Engagement-Faktor
  V = Verpackungs-Faktor
  M = Mittel (Werbemittel oder Massnahme)

** Der β-Koeffizient wird in Kapitel B2 auf Seite 95 erklärt.

*Lesebeispiel: Unter den Faktoren, die für Männer wichtiger waren als für
Frauen, war der Bekanntheitsgrad der bedeutendste Faktor für die Frauen.*

Der Bekanntheitsgrad half zwar beiden Geschlechtern, die Männer hatten hier jedoch einen Vorsprung. Auch in der Medienarbeit generell schnitten die Männer etwas besser ab. Das wirkte sich insbesondere auf Interviews in Presse und Radio aus. Hingegen gab es für das Fernsehen praktisch keinen Unterschied, was wohl vor allem auf die häufigeren Auftrittsmöglichkeiten der bekannten und erfolgreichen Frauen zurückzuführen war.

Schliesslich gab es einen Unterschied beim Engagement-Faktor professionelle Unterstützung. Hier müssten sich aber eher die Werbe- und PR-Profis fragen, ob ihre Tätigkeit zu stark auf Männer zugeschnitten war. Zukünftige Kandidatinnen wiederum sind gefordert, besser auf die Qualifikationen der bezahlten Spezialisten zu achten.

Die Kandidatinnen waren bezüglich der Voraussetzungen und Ressourcen für den Wahlkampf leicht benachteiligt. Den gewählten Nationalrätinnen hingegen ist es gelungen, diese Nachteile weitgehend aufzuheben. Das beantwortet aber die Frage, ob unter gleichen Bedingungen auch die gleichen Wahlchancen vorhanden waren, noch nicht. Dazu berechneten wir für alle Kandidierenden die Abhängigkeit des Wahlerfolgs von den Erfolgsfaktoren und Werbemitteln – allerdings unter Einbezug des «Erfolgsfaktors» Geschlecht. Das Ergebnis: Frauen hatten allein aufgrund ihres Geschlechts keine Nachteile bei den Wählerinnen und Wählern.

Bei den Nationalratswahlen 2003 lag der Frauenanteil der Kandidierenden bei einem Drittel, unter den Gewählten hingegen nur bei einem Viertel. Dieser Unterschied resultierte allein aus den unterschiedlichen Voraussetzungen und Mitteln. Wer auf eine angemessene Repräsentation der Frauen im Nationalrat Wert legt, sollte nicht nur auf das gegenwärtige Verhältnis von 3:1 zugunsten der Männer schauen. Bei der älteren Generation ist ein schneller Ausgleich nicht zu erreichen, wichtiger wäre eine längerfristige Perspektive.

Mit den Ergebnissen der Nationalratswahlen 2003 ist eine schlechte und eine gute Nachricht zu vermelden. Die schlechte: Auch unter den neu in den Nationalrat Gewählten führen die Männer mit einem Verhältnis von fast 3:1. Die gute Nachricht: Bei den Unter-40-Jährigen waren 8 von 19 gewählten Kandidierenden Frauen. Da auch in dieser Altersgruppe nur 35 Prozent der Kandidierenden weiblich war, ist das eine gute Quote. Es sind bei den nächsten Wahlen also gerade auch die jüngeren Frauen gefordert, über ein Gleichgewicht bei den Kandidaturen auch ein Gleichgewicht im Parlament zu erreichen. Dazu sollten sie aber nicht nur auf die Stärken der

Frauen setzen, sondern sich auch bezüglich der anderen Faktoren und Mittel bemühen, den Rückstand aufzuholen. Insbesondere was die Engagement- und Verpackungs-Faktoren angeht, haben die Frauen das grundsätzlich selbst in der Hand.

B5 – Die Kantone

Bei den Nationalratswahlen werden die Resultate der einzelnen Kantone nicht miteinander verrechnet. Es handelt sich im Grunde genommen um parallel stattfindende kantonale Wahlen. Natürlich sind sie dennoch indirekt miteinander verbunden, etwa durch Wahlprogramme der Bundesparteien oder durch das Image landesweit bekannter Spitzenpolitiker. Das ändert aber nichts an der Tatsache, dass sich in den Kantonen der Wahlkampf unterschiedlich ausgeprägt hat. Schon die Kantonsgrösse sorgt für Voraussetzungen, die stark differieren: Ob nur 2 oder 34 Sitze vergeben werden, hat auf die Wahlkampagnen einen grossen Einfluss.

Für den einzelnen Kandidaten ist also nicht nur der landesweite Wahlkampf, sondern insbesondere die Situation in seinem Kanton von Interesse. Wir können hier nicht alle Analysen für sämtliche Kantone einzeln präsentieren, das ergäbe 26 verschiedene Handbücher. Den grossen Kantonen widmen wir aber einzelne Kapitel, die mittelgrossen und kleineren Kantone fassen wir in Gruppen zusammen. Ferner beschränken wir uns auf die Deutschschweizer sowie die mehrsprachigen Kantone.

Tabelle B5-1 zeigt eine Übersicht über die Situation in den Kantonen der deutschen Schweiz sowie Freiburg und Wallis.

Tabelle B5-1:
Übersicht über die Wahlverhältnisse in den ausgewählten Kantonen.

Unterkapitel	Kantone	Sitze im NR	Anz. Kandidaten
a	Zürich	34	964
b	Bern	26	462
c	Aargau	15	207
d	St. Gallen	12	163
e	Luzern	10	102
f	BL, BS, FR, GR, SO, TG, VS	je 5 – 7	je 43 – 91
g	SH, SZ, ZG	je 2 – 4	je 9 – 27
h	AI, AR, GL, NW, OW, UR	je 1	je 2 – 3

Lesebeispiel: Im Kanton Zürich werden 34 Nationalratssitze vergeben. Insgesamt traten 964 Personen für die Nationalratswahlen 2003 an.

Im Durchschnitt führten die Kandidaten in den grossen und den kleinen Kantonen jeweils ähnlich aufwendige Wahlkämpfe. Das heisst, ein Zürcher Kandidat setzte im Schnitt nicht mehr Plakate, Postkarten oder Flyer ein als ein Urner Kandidat. Dasselbe galt auch für Erfolgsfaktoren wie Unterstützungskomitee, Wahlkampf-stab oder Wahlkampf-Budget. Trotzdem entstand oft der Eindruck, in den grossen Kantonen, insbesondere in Zürich, werde der Wahl-kampf viel aufwendiger geführt als in den kleinen Kantonen. Dieser Eindruck wurde im Wesentlichen durch die je nach Kanton unter-schiedliche Anzahl Kandidaten erzeugt.

Wie Tabelle B5-1 zu entnehmen ist, waren in den grossen Kantonen nicht nur mehr Sitze zu vergeben, sondern pro verfügbarem Sitz auch mehr Kandidaten im Rennen. Im Kanton Zürich kämpften um jeden der 34 Nationalratssitze durchschnittlich fast 30 Kandidaten. Auch wenn gerade im Kanton Zürich zahlreiche aussichtslose Lis-ten gemeldet wurden, so resultierte daraus doch ein grösserer Auf-wand pro Wähler als in den kleinen Kantonen.

Die Unterkapitel bestehen jeweils aus drei Abschnitten:

1. Eine kurze Übersicht über die Ausgangslage und den strate-gischen Rahmen, der durch die Kantonsgrösse gesetzt wird.
2. Eine Übersicht über die im Wahlkampf 2003 verwendeten Wer-bemittel.
3. Eine Untersuchung, welche Erfolgsfaktoren und Werbemittel am stärksten mit dem Wahlerfolg korrelierten.

a) Zürich

Ausgangslage

Der Kanton Zürich ist der einwohnerstärkste Kanton der Schweiz. Folglich werden hier auch die meisten Nationalratssitze vergeben. Derzeit sind es 34. Eine Partei bzw. eine Liste braucht also den geringsten Wähleranteil, um einen Sitz zu gewinnen, nämlich knapp drei Prozent. Kleine Parteien haben es so leicht wie in keinem anderen Kanton, in den Nationalrat einzuziehen. Aber auch die grossen Parteien gewinnen – oder verlieren – hier so leicht wie nirgendwo sonst in der Schweiz einen oder zwei Sitze.

Wie für jeden anderen Kanton, in dem mehrere Sitze vergeben werden, gilt auch für Zürich, dass – rein arithmetisch betrachtet – aus Listenverbindungen nur Vorteile, aber keine Nachteile erwachsen können. Daher erstaunt es nicht, dass bei den Nationalratswahlen 2003 nicht weniger als 33 der 34 Sitze an die drei grossen Blöcke vergeben wurden. Die SVP und die FDP holten zusammen mit ihren Unterstützerlisten 17 Mandate, während die SP mit ihren Unterstützerlisten 10 Sitze gewann. Die Grünen spannten mit der CVP und der EVP zusammen; dieser Block gewann 6 Sitze. Der 34. Sitz ging an die EDU.

Im Gegensatz zu vielen anderen Kantonen hatte der Aufstieg der SVP im Kanton Zürich bereits 1999 seinen Höhepunkt erreicht. In den Wahlen 2003 schnitten die Bürgerlichen insgesamt etwas schlechter ab als zuvor – vor allem zugunsten der Grünen. Daraus darf jedoch nicht auf eine Trendwende geschlossen werden, die sich bei den nächsten Wahlen quasi automatisch fortsetzt. Im Gegenteil, durch die Parteispaltung befinden sich die Zürcher Grünen in einer schwierigen Phase. Ob ihre Erfolgswelle weitergeht, hängt wesentlich von der Strategie und dem Verhalten der beiden Parteien ab.

Für die grossen Parteien, insbesondere für die SVP und die SP, gilt grundsätzlich, dass bereits eine geringe Veränderung ihres Wähleranteils zu einer neuen Sitzzahl führt. Es lohnt sich für sie in jedem Fall, mit aktiv geführten Kampagnen Gewinne anzustreben. Für kleine Parteien wie die EVP und die EDU geht es primär um die Verteidigung ihrer Mandate. Wollen die kleinen Parteien einen zusätzlichen Sitz gewinnen, müssen mehrere positive Faktoren zusammenspielen – vom politischen Rückenwind bis hin zur Kandidatur bekannter und populärer Persönlichkeiten.

Nutzung der Werbemittel

Tabelle B5-2 zeigt, welcher Prozentanteil der Zürcher Kandidaten, die an unserer Befragung teilgenommen haben, das jeweilige Werbemittel verwendet hat. Als Nutzer bezeichnen wir alle Kandidaten, die das jeweilige Mittel überhaupt einsetzten, unabhängig von der Menge oder der Häufigkeit. In der Tabelle sind die Werbemittel in der Reihenfolge ihrer Nutzeranteile angeordnet.

Ein Vergleich mit Tabelle B2-7 zeigt, dass im Kanton Zürich sämtliche Werbemittel von einem geringeren Anteil der Kandidaten genutzt wurden als im gesamtschweizerischen Durchschnitt. Parteiversammlungen besuchten beispielsweise 67,8 Prozent der Schweizer Kandidaten, von den Zürchern hingegen nur 47,2 Prozent. Das hat zwei Gründe: Zum einen gab es im Kanton Zürich zahlreiche aussichtslose Listen, die von nicht etablierten Parteien oder losen Gruppierungen angemeldet wurden. Zum anderen ist der relative Anteil an Spitzenkandidaten auf grossen Listen kleiner: ein Listenplatz 10, der immerhin noch zum oberen Drittel zählt, ist mit einem Listenplatz 2 oder 3 in einem kleinen Kanton kaum zu vergleichen.

Rechnet man die Nutzeranteile aber auf alle Kandidaten und die zur Verfügung stehenden Sitze hoch, zeigt sich ein völlig anderes Bild. Im Kanton Zürich waren nicht nur die meisten Sitze zu vergeben, sondern es stellten sich auch die meisten Kandidaten pro Sitz zur Verfügung. Um die 34 Sitze kämpften 964 Kandidaten (vgl. Tabelle B5-1). Daher wurde insgesamt intensiver geworben als in den anderen Kantonen. Der aufwendige Wahlkampf, dem sich die Zürcher Wähler ausgesetzt fühlten, entsprach also der Realität.

Bezüglich der Nutzung der Werbemittel gab es keine grossen Unterschiede zwischen dem Kanton Zürich und dem gesamtschweizerischen Durchschnitt. Die Mehrheit der Kandidaten setzte auf Standaktionen und Strassenwahlkampf. Auch Leserbriefe und gemeinsame Inserate mit anderen Kandidaten kamen häufig vor. In der «Arena» traten die Zürcher ähnlich oft auf wie alle Kandidaten im landesweiten Durchschnitt. Dafür wurde ein geringerer Anteil Zürcher Kandidaten von Radio und Fernsehen interviewt. Aber auch hier gilt: Dank der grossen Anzahl Kandidaten wurden den Wählern mehr Medienberichte geboten als in anderen Kantonen.

Tabelle B5-2:
Die Werbemittel im Kanton Zürich, aufgelistet nach Nutzeranteilen in Prozent. Berücksichtigt sind die 411 Kandidaten, die an unserer Befragung teilgenommen haben. Das entspricht knapp 43 % aller Kandidaten im Kanton Zürich.

Werbemittel	Nutzung
Standaktionen / Strassenwahlkampf	57,9 %
Parteiversammlungen	47,2 %
Leserbriefe	40,9 %
Podien / Referate	34,5 %
Gemeinschaftsinserate	34,5 %
Presseporträts / Interviews	32,8 %
selbst verfasste Artikel	32,1 %
Radiointerviews	28,0 %
Flyer	28,0 %
gedruckte Postkarten	27,7 %
Wahlempfehlungsbriefe	26,5 %
eigener Internet-Auftritt	22,4 %
Einzelinserate	21,7 %
TV-Interviews	19,5 %
Auftritte in der TV-Sendung «Arena»	19,5 %
Versammlungen von Organisationen	15,3 %
grosse Plakate (≥ A2)	12,4 %
Direct Mail	9,7 %
elektronische Postkarten	7,1 %
Broschüren / Wahlzeitungen	5,4 %
kleine Plakate (< A2)	5,1 %
Rundbriefe	4,4 %

Lesebeispiel: Von den Respondenten nahmen 57,9 % an Standaktionen und am Strassenwahlkampf teil.

Erfolgversprechende Faktoren und Werbemittel

Da viele Kandidaten mit unterschiedlichen Strategien antraten, lässt sich der Erfolg weniger an bestimmten Faktoren und Werbemitteln festmachen als in kleineren Kantonen. Wiesen in Bezug auf die gesamte Schweiz sechs Erfolgsfaktoren und drei Werbemittel eine Korrelation von mehr als 0,5 mit dem Wahlerfolg auf (vgl. Tabellen B2-9 und B2-10), so waren es im Kanton Zürich nur zwei Faktoren und ein Mittel.

Tabelle B5-3:
Die wichtigsten Korrelationen von Erfolgsfaktoren und Werbemitteln mit dem relativen Wahlerfolg im Kanton Zürich.

Erfolgsfaktor oder Werbemittel	Zuordnung*	Korrelation** mit dem Wahlerfolg
Podien / Referate	M	0,576
Wahlkampf-Budget	E	0,549
politische Karriere (Index)	A	0,501

* Zuordnung zu den drei Gruppen der Erfolgsfaktoren (vgl. Seite 84):
  A = Anker-Faktor
  E = Engagement-Faktor
  M = Mittel (Werbemittel oder Massnahme)

** Der Korrelationskoeffizient wird in Kapitel B2 auf Seite 90 erklärt.

Lesebeispiel: Podiumsdiskussionen und Referate, die zu den Mitteln (M) zählen, hingen im Kanton Zürich am stärksten mit dem relativen Wahlerfolg zusammen.

Neben den in der Tabelle B5-3 aufgeführten Faktoren spielten auch die «üblichen Verdächtigen», nämlich der Bisherigenbonus, der Bekanntheitsgrad und die Kandidatur für eine etablierte Partei, eine wichtige Rolle. Daneben durften auch einige Verpackungs-Faktoren, insbesondere die Medienpräsenz, die Wahlkampfstrategie und das souveräne Auftreten nicht vernachlässigt werden.

Neben den Podiumsdiskussionen und den Referaten stand vor allem die Teilnahme in der «Arena» im Vordergrund. Letzteres korrelierte im Kanton Zürich deutlich über dem schweizerischen Durchschnitt mit dem Wahlerfolg. Beim Produzieren von Broschüren und Wahlzeitungen lagen zwar die Zürcher Kandidaten nur im gesamtschweizerischen Mittel, doch versprachen diese Drucksachen deutlich mehr Erfolg als in den anderen Kantonen. Im Grossen und Ganzen kann das gesamtschweizerische Bild auf den Kanton Zürich übertragen werden. Die einzelnen Erfolgsfaktoren und Werbemittel waren in den meisten Fällen vergleichbar.

Weil die grossen Parteien ein paar Mandate innehaben, sind die Kandidaten erst recht herausgefordert, innerhalb der eigenen Liste möglichst gut abzuschneiden. Wenn neben den Bisherigen mehrere Newcomer gute Wahlchancen haben, ist ein Erfolg auch von einem hinteren Listenplatz aus nicht ausgeschlossen. Trotzdem war 2003 der Listenplatz für einen Wahlerfolg bedeutend wichtiger als in den meisten anderen Kantonen. Der Listenplatz war sogar noch wichtiger als der Bisherigenbonus.

Tabelle B5-4 gibt einen Überblick darüber, von welchen Listenplätzen aus die gewählten Nationalräte starteten und auf welchen Rängen sie sich schliesslich klassierten.

Tabelle B5-4:
Listenplätze und Ränge der in den Nationalrat gewählten Zürcher Kandidaten. Die mit **X** markierten Kandidaten wurden von den dunkelgrau markierten verdrängt.

Partei	\multicolumn{14}{c}{Listenplatz}
	1	2	3	4	5	6	7	8	9	10	11	12	13	14
SVP	1.	2.	3.	4.	9.	8.	X	6.	10.	12.	5.	11.	7.	
SP	2.	1.	4.	6.	7.	5.	8.	3.	9.	X				10.
FDP	2.	1.	4.	X	X		3.	5.						
Grüne	1.	3.	X			2.								
CVP	1.	2.												
EVP	1.													
EDU	1.													

Lesebeispiel: Auf der FDP-Liste erhielt der Kandidat mit Listenplatz 2 (Felix Gutzwiller) die meisten Stimmen, gefolgt von der Spitzenkandidatin (Trix Heberlein). Der Kandidat mit Listenplatz 7 (Filippo Leutenegger) holte den dritten Rang und schaffte damit die Wahl.

Nur fünf Kandidaten wurden von einem hinteren Listenplatz weit genug nach vorne katapultiert, um in den Nationalrat einzuziehen. Den anderen 29 gewählten Nationalräten gelang praktisch ein Start-Ziel-Sieg.

Zu den erfolgreichen Werbemitteln gehörten der Einsatz im Strassenwahlkampf, Inserate, Plakate, Postkarten sowie Wahlempfehlungsbriefe. Auch die Teilnahme an der Smartvote-Wahlhilfe und Medientrainings konnten sich positiv auswirken.

Fazit: Der Wahlkampf im Kanton Zürich ist aufwendig. Der Wahlerfolg lässt sich weniger als anderswo mit bestimmten Erfolgsfaktoren oder Werbemitteln in Verbindung bringen. Umso gezielter müssen die verschiedenen Werbemittel eingesetzt werden. Dabei ist zu bedenken, dass die Verpackungs-Faktoren eine nicht zu vernachlässigende Rolle spielen.

b) Bern

Ausgangslage

Der Kanton Bern ist bevölkerungsmässig der zweitgrösste Kanton. Demgemäss werden hier nach Zürich die meisten Nationalratssitze vergeben. Knapp vier Prozent der Wählerstimmen reichen aus, um einen der 26 Sitze zu erobern. Kleine Parteien haben somit ähnlich gute Chancen wie im Kanton Zürich. Andererseits ist Bern nach Graubünden auch flächenmässig der zweitgrösste Kanton. Er weist eine grosse geografische und kulturelle Vielfalt auf – vom französischsprachigen Jura über das Mittelland bis zu den Hochalpen. Das erschwert es den Kandidaten, im gesamten Kantonsgebiet für sich zu werben.

Listenverbindungen kamen in den Nationalratswahlen 2003 relativ selten vor. Von den grösseren Parteien spannten die FDP mit der SVP sowie die SP mit den Grünen zusammen. Hier liegen insbesondere für die Parteien der Mitte noch Möglichkeiten brach. Trotz der Listenverbindungen der beiden grossen Blöcke sind mehrere Kleinparteien im Nationalrat vertreten: die CVP, die EDU, die EVP sowie die SD.

Der Kanton Bern zeichnet sich durch eine grosse parteipolitische Stabilität aus. Da er 2003 im Vergleich zu 1999 über einen Sitz weniger verfügte, musste zwangsläufig mindestens eine Partei einen Sitz abgeben. Das traf die FDP; alle anderen Parteien konnten ihre Sitzzahl halten. Insbesondere wegen der bereits erwähnten Listenverbindungen könnte es bei den Wahlen 2007 zu Verschiebungen kommen. Die CVP beispielsweise hat einen Wackelsitz: 2003 konnte sie ihn nur mit Hilfe der jurassischen Separatisten behaupten.

Eine Berner Besonderheit lag darin, dass die grossen Parteien mit getrennten Männer- und Frauenlisten antraten. Wenn trotzdem mehr Männer gewählt wurden, so lag das kaum am Geschlecht an sich, sondern vielmehr an den unterschiedlichen Ausgangspositionen und Mitteln (vgl. Kapitel B4). Insbesondere den bürgerlichen Parteien böte sich die Möglichkeit, durch eine gezielte und verstärkte Bewerbung ihrer Frauenlisten eine Erhöhung ihrer Mandate anzustreben. Rot-Grün wiederum kann auf den unerwarteten Erfolg bei den Regierungsratswahlen 2006 aufbauen, der diesem Bündnis mehr Selbstvertrauen gegeben hat. Für die kleinen Parteien steht die Verteidigung des eigenen Sitzes im Vordergrund. Nur wenn mehrere Faktoren zusammenspielen – von einem günstigen politischen Klima bis hin zur Kandidatur bekannter Persönlichkeiten –, ist ein zusätzlicher Sitzgewinn denkbar.

Nutzung der Werbemittel

Tabelle B5-5 zeigt, welcher Prozentanteil unter den Kandidaten, die an der Befragung teilgenommen haben, das jeweilige Werbemittel verwendet hat. Als Nutzer bezeichnen wir alle Kandidaten, die das jeweilige Mittel überhaupt einsetzten, unabhängig von der Menge oder der Häufigkeit. In der Tabelle sind die Mittel in der Reihenfolge ihrer Nutzeranteile angeordnet.

Ähnlich wie im Kanton Zürich wurden in Bern viele Werbemittel von einem geringeren Prozentsatz der Kandidaten genutzt als im gesamtschweizerischen Durchschnitt. So zeigt ein Vergleich mit Tabelle B2-7 beispielsweise, dass 63,9 Prozent der Berner Kandidaten Parteiversammlungen besuchten, gegenüber 67,8 Prozent im gesamtschweizerischen Durchschnitt. Anders als im Kanton Zürich traten zwar fast nur die etablierten Parteien und ihre Unterstützerlisten an. Dafür stellten die grossen Parteien, FDP, SP und SVP, mit ihren getrennten Frauen- und Männerlisten praktisch je zwei Hauptlisten auf. Pro Nationalratssitz traten fast 20 Kandidaten zur Wahl an. Der Wahlkampf war relativ zur Bevölkerungsgrösse und zur Sitzzahl überdurchschnittlich aufwendig, wenn auch die Zürcher Verhältnisse nicht erreicht wurden.

Einige Werbemittel wurden von einem überdurchschnittlichen Anteil der Kandidaten eingesetzt: Einzel- und Gemeinschaftsinserate, ein eigener Internet-Auftritt, Wahlempfehlungsbriefe und vor allem gedruckte Postkarten. In keinem anderen Kanton wurden so viele Einzelinserate geschaltet.

Überraschenderweise spielten die Printmedien eine weniger wichtige Rolle. Zwar hatte der einzelne Kandidat mehr Chancen als im Kanton Zürich, diesen Medientypus einzusetzen, insgesamt wurde der Wahlkampf dadurch aber vergleichsweise wenig geprägt. Auch im Schreiben von Leserbriefen waren die Berner Kandidaten sehr zurückhaltend.

Tabelle B5-5:
Die Werbemittel im Kanton Bern, aufgelistet nach Nutzeranteilen in Prozent. Berücksichtigt sind die 263 Kandidaten, die an unserer Befragung teilgenommen haben. Das entspricht 57 % aller Berner Kandidaten.

Werbemittel	Nutzung
Parteiversammlungen	63,9 %
Standaktionen / Strassenwahlkampf	57,0 %
Podien / Referate	55,9 %
Radiointerviews	49,4 %
Presseporträts / Interviews	44,5 %
gedruckte Postkarten	44,1 %
Gemeinschaftsinserate	43,7 %
Wahlempfehlungsbriefe	42,2 %
Einzelinserate	41,8 %
selbst verfasste Artikel	40,3 %
Flyer	36,1 %
Leserbriefe	35,4 %
eigener Internet-Auftritt	35,0 %
TV-Interviews	31,6 %
Versammlungen von Organisationen	23,6 %
grosse Plakate (≥ A2)	19,4 %
Auftritte in der TV-Sendung «Arena»	19,4 %
Direct Mail	16,7 %
kleine Plakate (< A2)	16,3 %
Rundbriefe	6,8 %
elektronische Postkarten	6,1 %
Broschüren / Wahlzeitungen	1,9 %

Lesebeispiel: Von den Respondenten nahmen 63,9 % an Partei-versammlungen teil.

Erfolgversprechende Faktoren und Werbemittel

Bezüglich der Wirkung der einzelnen Erfolgsfaktoren und Werbemittel repräsentiert der Kanton Bern den gesamtschweizerischen
Wahlkampf. Der Zusammenhang zwischen Mitteleinsatz und Wahlerfolg ist oft etwas stärker als im gesamtschweizerischen Durchschnitt (vgl. Tabellen B2-9 und B2-10). Tabelle B5-6 enthält sieben
Faktoren und fünf Werbemittel, die eine Korrelation mit dem Wahlerfolg von mehr als 0,5 aufwiesen.

Tabelle B5-6:
**Die wichtigsten Korrelationen von Erfolgsfaktoren und Werbemitteln
mit dem relativen Wahlerfolg im Kanton Bern.**

Erfolgsfaktor oder Werbemittel	Zuordnung*	Korrelation** mit dem Wahlerfolg
Wahlkampf-Budget	E	0,677
Radiointerviews	M	0,645
Medienpräsenz	V	0,640
TV-Interviews	M	0,638
Bekanntheitsgrad (1 Jahr vor Wahltag)	A	0,633
politische Karriere (Index)	A	0,626
Podien / Referate	M	0,600
Bisherigenbonus	A	0,596
Kandidatur für eine etablierte Partei	A	0,569
Unterstützung von Organisationen	E	0,565
selbst geschriebene Artikel	M	0,512
Auftritte in der TV-Sendung «Arena»	M	0,501

* Zuordnung zu den drei Gruppen der Erfolgsfaktoren (vgl. Seite 84):
   A = Anker-Faktor
   E = Engagement-Faktor
   V = Verpackungs-Faktor
   M = Mittel (Werbemittel oder Massnahme)

** Der Korrelationskoeffizient wird in Kapitel B2 auf Seite 90 erklärt.

*Lesebeispiel: Das Wahlkampf-Budget, das zu den Engagement-Faktoren
(E) zählt, hing im Kanton Bern am meisten mit dem relativen Wahlerfolg
zusammen.*

Tabelle B5-7:
Listenplätze und Ränge der in den Nationalrat gewählten Berner Kandidaten. Die mit **X** markierten Kandidaten wurden von den dunkelgrau markierten verdrängt.

Partei	Listenplatz 1	2	3	4	5	6	7	8	9	10	11	12	13	14
SVP-Männer	6.	1.	7.	5.	2.	3.	X		4.					
SP-Frauen	X	3.	X	1.	4.	2.								
SP-Männer	X	X	X	X	2.	1.	3.							4.
FDP-Männer	X	X	1.		3.	2.								
Grüne	1.	X					2.*							
SVP-Frauen	1.													
EDU	1.													
FDP-Frauen	X		1.											
EVP	1.													
SD	1.													
CVP	X		1.											

Bei den Grünen war Therese Frösch eigentlich auf Listenplatz 9 aufgeführt, wegen Vorkumulierens der beiden Spitzenkandidaten wurde sie aber zur 7. Person auf der Liste.

Lesebeispiel: Auf der SP-Frauenliste erhielt die Kandidatin mit Listenplatz 4 (Simonetta Sommaruga) die meisten Stimmen. Die Kandidatin mit Listenplatz 6 (Ursula Wyss) erreichte Rang 2.

Einen wichtigen Anteil am Wahlerfolg hatten die Faktoren des persönlichen Engagements. Vor allem die Unterstützung durch Organisationen, die Meinungsführerschaft in bestimmten Themen sowie die Fachkompetenz trugen zum Erfolg bei. Neben den Radio- und TV-Interviews sowie den «Arena»-Auftritten war auch der eigene Internet-Auftritt überdurchschnittlich erfolgversprechend. Demgegenüber wurden Broschüren und Wahlzeitungen nicht nur kaum produziert, sie waren auch nicht erfolgreich.

Für die Kandidaten der grossen Parteien war von besonderem Interesse, wie sie auf der eigenen Liste abschnitten. Vor allem bei der SP und der SVP konnten neben den Spitzenkandidaten mehrere Neue in den Nationalrat einziehen. Dazu kommt, dass der Listenplatz im Kanton Bern eine weniger zentrale Rolle spielt als in anderen Kantonen. Tabelle B5-7 gibt einen Überblick darüber, von welchen Listenplätzen aus die gewählten Nationalräte starteten und welche Ränge sie erreichten.

Fast die Hälfte der 26 Nationalräte kandidierte auf einem Listenplatz, der für eine Wahl nicht ausgereicht hätte, wenn die Reihenfolge identisch geblieben wäre. Um gut abzuschneiden, waren neben dem Bisherigenbonus vor allem der Bekanntheitsgrad und die Medienpräsenz von Bedeutung. Insbesondere die TV-Auftritte sind hervorzuheben. Aber auch eine eigene Website sowie das Verfassen von Artikeln trugen überdurchschnittlich dazu bei, innerhalb der eigenen Liste gut abzuschneiden.

Fazit: Im Kanton Bern herrscht eine ähnlich grosse Konkurrenz wie im Kanton Zürich. Um jeden Sitz kämpfen im Durchschnitt über 15 Kandidaten. Zahlreiche Faktoren und Werbemittel hängen stark mit dem Wahlerfolg zusammen. Daher muss der Fokus der Wahlkampfplanung nicht nur auf die Auswahl der Werbemittel, sondern vor allem auf deren professionellen Einsatz gelegt werden.

c) Aargau

Ausgangslage

Dem Kanton Aargau stehen 15 Nationalratssitze zu. Die Rahmenbe-
dingungen sind für die grossen wie die kleinen Parteien sehr unterschiedlich. Auf der einen Seite halten die vier Bundesratsparteien
praktisch alle Sitze. Die SVP als stärkste Partei errang bei den Nationalratswahlen 2003 sechs Mandate. Auf der anderen Seite haben
es die kleineren Parteien sehr schwer, überhaupt einen Sitz zu erringen. Für ein sicheres Mandat benötigen sie über sechs Prozent
der Wählerstimmen. Im Jahr 2003 gelang dies nur der EVP und,
nach einem Unterbruch von vier Jahren, den Grünen.

In den Wahlen 2003 wurden die Sitze auf 3 Blöcke verteilt: Die SVP
und die FDP erhielten zusammen 8 Mandate, die CVP und die EVP
holten gemeinsam 3 Sitze, die SP und die Grünen schliesslich er-
kämpften sich in ihrer traditionellen Listenverbindung 4 Mandate.
Im Vergleich zu 1999 verloren die FDP und die CVP je 1 Sitz, diese
gingen an die SVP und an die Grünen. Die Kräfteverschiebung von
der FDP zur SVP vollzog sich allerdings schon während der Legisla-
turperiode, nachdem Nationalrat Luzi Stamm von der FDP zur SVP
gewechselt hatte. Die Wahlen bestätigten diese Veränderung.

Dass eine Partei mehr als einen Sitz gewinnt oder verliert, ist kaum
wahrscheinlich. Denn das setzte Stimmengewinne oder -verluste
im zweistelligen Prozentbereich voraus. Um in den Wahlen 2007
zielgerichtete Strategien zu entwickeln, lohnt sich die Analyse, welche Sitze nur knapp gewonnen wurden. Dabei zeigt sich, dass die
Allianz Rot-Grün eher in die Offensive gehen kann, während für
den SVP-FDP-Block ein zusätzlicher Sitzgewinn relativ schwer zu
erreichen sein dürfte. Vorausgesetzt, die Listenverbindungen bleiben identisch wie im Jahr 2003. Sollte die CVP wie 1999 und in den
eidgenössischen Wahljahren zuvor wieder mit der FDP und SVP
zusammenspannen, werden die Karten neu gemischt.

Zu einem sehr knappen Ergebnis kam es 2003 innerhalb der Listenverbindung von CVP und EVP: Die EVP hat den Sitz von Heiner Stu-
der nur mit einem ganz knappen Vorsprung gegen die CVP behaupten können. Dort musste der Bisherige Melchior Ehrler über die
Klinge springen. Die CVP muss 2007 die Herausforderung annehmen, ohne Doris Leuthard in den Wahlkampf zu ziehen. Leuthard
hatte 1999 und 2003 jeweils das beste Resultat auf der Liste erreicht. Nachdem sie im Sommer 2006 in den Bundesrat gewählt
wurde, wird sie der Aargauer CVP in den Wahlen 2007 fehlen.

Nutzung der Werbemittel

Tabelle B5-8 zeigt, welcher Prozentanteil der Kandidaten, die an unserer Befragung teilgenommen haben, das jeweilige Werbemittel verwendet hat. Als Nutzer bezeichnen wir alle Kandidaten, die das jeweilige Mittel überhaupt einsetzten, unabhängig von der Menge oder der Häufigkeit. In der Tabelle sind die Werbemittel in der Reihenfolge ihrer Nutzeranteile angeordnet.

Der Aargau zählt zwar zu den grossen Kantonen, unterscheidet sich bezüglich der Wahlen und des Wahlkampfes aber deutlich von den Kantonen Zürich und Bern. Betrachtet man die Anzahl Kandidaten pro Sitz und den damit verbundenen Aufwand im Wahlkampf, so ist der Aargau eher mit den mittelgrossen Kantonen zu vergleichen.

Ein Vergleich der Tabelle B5-8 mit Tabelle B2-6 zeigt, dass die meisten Werbemittel von einem durchschnittlichen oder leicht überdurchschnittlichen Anteil der Kandidaten eingesetzt wurden. Knapp 14 Kandidaten buhlten im Durchschnitt um einen Sitz. Entsprechend war auch der Kampagnenaufwand pro Wähler überdurchschnittlich hoch.

In der Regel kamen Werbemittel, die schweizweit häufig eingesetzt wurden, auch im Aargau häufig zum Zug. Es gab jedoch einige bemerkenswerte Ausnahmen. Einerseits konnten die Aargauer Kandidaten deutlich seltener TV- und Radiointerviews geben als andere. Andererseits waren sie in den «Arena»-Sendungen überdurchschnittlich vertreten. Wesentlich waren zudem der eigene Internet-Auftritt und die Presse. Letzteres galt sowohl für Inserate und Interviews als auch für eigene Artikel und Leserbriefe.

Tabelle B5-8:
Die Werbemittel im Kanton Aargau, aufgelistet nach Nutzeranteilen in Prozent. Berücksichtigt sind die 117 Kandidaten, die an unserer Befragung teilgenommen haben. Das entspricht 56,5 % aller Kandidaten.

Werbemittel	Nutzung
Parteiversammlungen	70,9 %
Standaktionen / Strassenwahlkampf	68,4 %
Presseporträts / Interviews	64,1 %
Podien / Referate	60,7 %
Leserbriefe	57,3 %
selbst verfasste Artikel	50,4 %
Radiointerviews	44,4 %
eigener Internet-Auftritt	44,4 %
Gemeinschaftsinserate	42,7 %
Wahlempfehlungsbriefe	41,9 %
Einzelinserate	41,9 %
Flyer	35,9 %
gedruckte Postkarten	35,0 %
grosse Plakate (≥ A2)	34,2 %
Versammlungen von Organisationen	32,5 %
TV-Interviews	29,1 %
Auftritte in der TV-Sendung «Arena»	23,9 %
kleine Plakate (< A2)	22,2 %
Direct Mail	17,1 %
elektronische Postkarten	9,4 %
Broschüren / Wahlzeitungen	7,7 %
Rundbriefe	7,7 %

Lesebeispiel: Von den Respondenten nahmen 70,9 % an Partei-versammlungen teil.

Erfolgversprechende Faktoren und Werbemittel

Die Nutzung der Werbemittel lag weitgehend im schweizerischen Durchschnitt. Der Wahlerfolg lässt sich noch stärker auf bestimmte Erfolgsfaktoren und Werbemittel zurückführen, als wir das in der schweizweiten Analyse zeigen konnten (vgl. Tabellen B2-9 und B2-10). Tabelle B5-9 listet für den Aargau nicht nur vier Werbemittel, sondern nicht weniger als neun Faktoren auf, die mit dem Wahlerfolg eine Korrelation von mindestens 0,5 aufwiesen.

Tabelle B5-9:
Die wichtigsten Korrelationen von Erfolgsfaktoren und Werbemitteln mit dem relativen Wahlerfolg im Kanton Aargau.

Erfolgsfaktor oder Werbemittel	Zuordnung*	Korrelation** mit dem Wahlerfolg
Wahlkampf-Budget	E	0,750
Bisherigenbonus	A	0,714
Bekanntheitsgrad (1 Jahr vor Wahltag)	A	0,710
Kandidatur für eine etablierte Partei	A	0,706
politische Karriere (Index)	A	0,666
Wahlkampfstab (Arbeitsaufwand in Std.)	E	0,606
Einzelinserate	M	0,605
grosse Plakate (≥ A2)	M	0,581
Medienpräsenz	V	0,569
Mitgliedschaft in Organisationen	A	0,569
Wahlkampfstrategie	V	0,560
TV-Interviews	M	0,560
Podien / Referate	M	0,560

* Zuordnung zu den drei Gruppen der Erfolgsfaktoren (vgl. Seite 84):
A = Anker-Faktor
E = Engagement-Faktor
V = Verpackungs-Faktor
M = Mittel (Werbemittel oder Massnahme)

** Der Korrelationskoeffizient wird in Kapitel B2 auf Seite 90 erklärt.

Lesebeispiel: Das Wahlkampf-Budget, das zu den Engagement-Faktoren (E) zählt, hing im Kanton Aargau am meisten mit dem relativen Wahlerfolg zusammen.

Im Kanton Aargau trugen die «üblichen Verdächtigen» wesentlich zum Erfolg bei: das Wahlkampf-Budget sowie die vier Anker-Faktoren Bisherigenbonus, Bekanntheitsgrad, Kandidatur für eine etablierte Partei und bisherige politische Karriere. Daneben waren auch ein eigener Wahlkampfstab sowie die Mitgliedschaft in Organisationen vergleichsweise stark am Erfolg beteiligt. Die weiteren Faktoren des Engagements sind aus Platzgründen nicht mehr in der Tabelle aufgeführt, korrelierten aber ebenfalls überdurchschnittlich stark mit dem Wahlerfolg. Von den Verpackungs-Faktoren verdiente neben der Medienpräsenz auch die Wahlkampfstrategie ein besonderes Augenmerk.

Von den in der Regel wirksamsten Werbemitteln waren Podiumsdiskussionen und Referate sowie TV-Interviews erfolgreich, während den Radiointerviews eine etwas geringere Bedeutung zukam. Dafür empfahlen sich Einzelinserate und grosse Plakate im Aargau so stark wie in keinem anderen Kanton. Auch der überdurchschnittlich oft realisierte eigene Internet-Auftritt verfehlte seine Wirkung nicht. Postkarten und Wahlempfehlungsbriefe wurden ebenfalls erfolgreich eingesetzt.

Um innerhalb der eigenen Liste gut abzuschneiden – was für die Parteikarriere von besonderer Bedeutung ist –, spielten der Listenplatz, der Bisherigenbonus und der Bekanntheitsgrad eine entscheidende Rolle. Konnte ein Kandidat diese Anker-Faktoren nicht in die Waagschale werfen, waren neben den persönlichen Ambitionen auch Investitionen in die Verpackungs-Faktoren Medienpräsenz, persönliche Kontakte mit der Bevölkerung und souveränes Auftreten erfolgversprechend.

Fazit: Im Kanton Aargau bestimmen die Anker-Faktoren und das Wahlkampf-Budget wesentlich über den Erfolg. Will ein neuer Kandidat den Vorsprung der Etablierten aufholen, kann er neben den Massenmedien auch gezielt auf die klassischen Werbemittel setzen. Eine kluge Strategie ist allerdings unverzichtbar.

d) St. Gallen

Ausgangslage

Dem Kanton St. Gallen stehen zwölf Nationalratssitze zu. Für ein sicheres Mandat benötigt man daher ungefähr acht Prozent der Wählerstimmen. So erstaunt es nicht, dass bei den Wahlen 2003 alle Sitze an die fünf grossen Parteien gingen. Im Jahr 2003 eroberte die SVP einen weiteren Sitz zulasten der CVP und löste diese als stärkste Partei ab. Ansonsten konnten alle Parteien ihre Sitzzahl halten. Die Wahlen standen wie 1995 und 1999 ganz im Zeichen des Aufstiegs der SVP.

Listenverbindungen waren im Kanton St. Gallen relativ schwach ausgeprägt. Lediglich die SP und die Grünen spannten zusammen, während die SVP von der EDU unterstützt wurde. Die FDP und die CVP traten allein an, wenn auch beide mit je zwei Listen. Hier ergeben sich für die Wahlen 2007 verschiedene strategische Möglichkeiten. Man kann jedoch davon ausgehen, dass die CVP und die FDP sich eher in der Defensive befinden und in erster Linie um den Erhalt ihrer Sitzzahl kämpfen müssen. Die SVP und die Allianz Rot-Grün dagegen könnten mit einem offensiven Wahlkampf womöglich noch zulegen.

Nutzung der Werbemittel

Tabelle B5-10 zeigt, welcher Prozentanteil unter den Kandidaten, die an unserer Befragung teilgenommen haben, das jeweilige Werbemittel verwendet bzw. die jeweilige Auftrittsmöglichkeit genutzt hat. Als Nutzer bezeichnen wir alle Kandidaten, die das jeweilige Mittel überhaupt einsetzten, unabhängig von der Menge oder der Häufigkeit. In der Tabelle sind die Werbemittel in der Reihenfolge ihrer Nutzeranteile angeordnet.

Ein Vergleich der Tabelle B5-10 mit Tabelle B2-7 zeigt, dass die St. Galler mehr unterschiedliche Werbemittel einsetzten als der gesamtschweizerische Durchschnitt. Auch im Vergleich zu den ähnlich grossen Kantonen Aargau und Luzern lag St. Gallen vorne. Obwohl pro Sitz weniger Personen kandidierten als im Kanton Bern, war der Wahlkampf aus Sicht der Wähler ähnlich intensiv.

In Bezug auf die verwendeten Werbemittel zeigten sich im Kanton St. Gallen ein paar Besonderheiten. So waren die in der Regel weniger wirkungsvollen Leserbriefe und Flyer sehr beliebt. Gleichzeitig

Tabelle B5-10:
Die Werbemittel im Kanton St. Gallen, aufgelistet nach Nutzeranteilen in Prozent. Berücksichtigt sind die 91 Kandidaten, die an unserer Befragung teilgenommen haben. Das entspricht knapp 56 % aller Kandidaten.

Werbemittel	Nutzung
Standaktionen / Strassenwahlkampf	83,5 %
Leserbriefe	78,0 %
Parteiversammlungen	76,9 %
Presseporträts / Interviews	74,7 %
Podien / Referate	74,7 %
Flyer	62,6 %
Radiointerviews	60,4 %
selbst verfasste Artikel	54,9 %
Wahlempfehlungsbriefe	46,2 %
eigener Internet-Auftritt	45,1 %
grosse Plakate ($\geq$ A2)	42,9 %
TV-Interviews	39,6 %
Einzelinserate	39,6 %
Auftritte in der TV-Sendung «Arena»	36,3 %
Gemeinschaftsinserate	35,2 %
gedruckte Postkarten	33,0 %
Versammlungen von Organisationen	25,3 %
Direct Mail	24,2 %
kleine Plakate ($<$ A2)	23,1 %
elektronische Postkarten	14,3 %
Broschüren / Wahlzeitungen	11,0 %
Rundbriefe	7,7 %

Lesebeispiel: Von den Respondenten nahmen 83,5 % an Standaktionen oder am Strassenwahlkampf teil.

setzten die Kandidaten stark auf Podiumsdiskussionen und Parteiversammlungen, die eine gute Wirkung erzielten. Die St. Galler gaben mehr Einzel- als Gemeinschaftsinserate auf, und an Standaktionen nahmen fast alle teil. Zudem stellten sich die Kandidaten zahlreich in den Massenmedien vor, insbesondere im Radio und in der Presse. Fast die Hälfte der Respondenten wartete mit einem eigenen Internet-Auftritt auf.

Erfolgversprechende Faktoren und Werbemittel

Was die erfolgversprechenden Faktoren und Werbemittel betrifft, lassen sich ein paar Besonderheiten ausmachen. Tabelle B5-11 listet auf, welche Faktoren und Mittel eine Korrelation von mindestens 0,5 mit dem Wahlerfolg aufwiesen.

Tabelle B5-11:
Die wichtigsten Korrelationen von Erfolgsfaktoren und Werbemitteln mit dem relativen Wahlerfolg im Kanton St. Gallen.

Erfolgsfaktor oder Werbemittel	Zuordnung*	Korrelation** mit dem Wahlerfolg
Wahlkampf-Budget	E	0,753
Medienpräsenz	V	0,743
Podien / Referate	M	0,686
Wahlkampfstab (Arbeitsaufwand in Std.)	E	0,605
Einzelinserate	M	0,588
Bekanntheitsgrad (1 Jahr vor Wahltag)	A	0,566
Auftritte in der TV-Sendung «Arena»	M	0,553
souveränes Auftreten	V	0,521
Bisherigenbonus	A	0,518

* Zuordnung zu den drei Gruppen der Erfolgsfaktoren (vgl. Seite 84):
  A = Anker-Faktor
  E = Engagement-Faktor
  V = Verpackungs-Faktor
  M = Mittel (Werbemittel oder Massnahme)

** Der Korrelationskoeffizient wird in Kapitel B2 auf Seite 90 erklärt.

Lesebeispiel: Im Kanton St. Gallen hing das Wahlkampf-Budget am meisten mit dem relativen Wahlerfolg zusammen.

An erster Stelle stand auch im Kanton St. Gallen das Wahlkampf-Budget. Praktisch die gleiche Bedeutung hatte jedoch auch die Medienpräsenz, die wichtiger war als in der übrigen Schweiz. Der Bisherigenbonus und der Bekanntheitsgrad spielten wie überall eine wesentliche Rolle, hingegen war die bisherige politische Karriere weniger relevant. Ein persönlicher Wahlkampfstab gehörte zu den wichtigen Faktoren einer erfolgreichen Kampagne. Auch die meisten anderen Faktoren des Engagements und der Verpackung waren überdurchschnittlich bedeutend: souveränes Auftreten, Medientauglichkeit, Unterstützungskomitee, das Engagement von Wahlkampfprofis, Meinungsführerschaft und Fachkompetenz. Was die Bedeutung des persönlichen Aussehens oder der Teilnahme an Medientrainings betraf, lag der Kanton St. Gallen schweizweit vorne.

Podiumsdiskussionen, Referate, «Arena»-Auftritte und Einzelinserate waren besonders wirksam. Daneben warben die erfolgreichen Kandidaten oft mit grossen Plakaten, und im Unterschied zu fast allen anderen Kantonen konnten sie hier sogar Flyer erfolgreich einsetzen. Es war wichtiger, an Anlässen anderer Organisationen teilzunehmen als an Versammlungen der eigenen Partei. Diese Umkehrung fand sich in keinem anderen Kanton. Trotz der Bedeutung der Medienpräsenz waren Radio- und TV-Interviews nicht ganz so wirksam wie in anderen Kantonen. Gedruckte Postkarten, kleine Plakate und Gemeinschaftsinserate entfalteten im Kanton St. Gallen keine Wirkung.

Hinter den Spitzenpolitikern wurden die weiteren Kandidaten häufig alphabetisch aufgestellt. Daher war der Listenplatz in erster Linie für die Spitzenkandidaten ein relevanter Faktor. Für die anderen kam es auf die beiden Anker-Faktoren Bekanntheitsgrad und bisherige politische Karriere an. Auch die Fachkompetenz konnte weiterhelfen. Während Radio- und TV-Interviews nur bedingt nützten, wenn es darum ging, mit den anderen Parteien zu konkurrieren, konnten sie einen Kandidaten doch in die vorderen Ränge bringen. Ähnliches galt für Rundbriefe, Broschüren und Wahlzeitungen.

Fazit: Im Kanton St. Gallen werden sehr aktive und geldintensive Wahlkämpfe geführt. Der Einsatz einer breiten Palette von Werbemitteln ist unabdingbar. Dabei spielen Faktoren des Engagements und der Verpackung eine besondere Rolle. Folglich ist ein professioneller Umgang mit den Medien zentral.

e) Luzern

Ausgangslage

Dem Kanton Luzern stehen zehn Nationalratssitze zu. Für ein sicheres Mandat benötigt man ungefähr zehn Prozent der Wählerstimmen. Bei den Wahlen 2003 gingen alle Sitze an die vier Bundesratsparteien sowie an die Grünen. Mehrere Sitzverschiebungen auf einmal kommen selten vor. Im Jahr 2003 eroberte die SVP einen Sitz zulasten der CVP, so dass diese beiden Parteien jetzt jeweils drei Nationalräte stellen. Die anderen Parteien konnten ihre Sitzzahl halten: die FDP hat zwei Mandate, die SP sowie die Grünen je ein Mandat.

Listenverbindungen waren in den Nationalratswahlen 2003 relativ schwach ausgeprägt. Lediglich SP und Grüne spannten zusammen. Die drei bürgerlichen Parteien CVP, FDP und SVP traten getrennt an, dafür aber jeweils mit eigenen Unterstützerlisten. Hier wären vor allem innerhalb des bürgerlichen Lagers theoretisch verschiedene Optionen denkbar. Praktisch dürfte das allerdings weiterhin nicht näher geprüft werden. Der Kulturkampf ist zwar längst überwunden, hallt aber immer noch nach und dürfte deshalb ein Zusammengehen von CVP und FDP verunmöglichen.

Die vier Blöcke CVP, SVP, FDP und Rot-Grün liegen derzeit vergleichsweise eng beieinander. So sollte die CVP als stärkste Partei in den Wahlen 2007 ihre drei Sitze relativ sicher halten können. Die Rückeroberung des vierten Sitzes scheint jedoch nicht in Reichweite zu sein. Sehr knapp fiel das Ergebnis im Oktober 2003 zwischen FDP und SVP aus; hier scheint der Ausgang des Rennens offen zu sein. Die Allianz Rot-Grün ist von einem Sitzgewinn am weitesten entfernt. Ihre beiden Mandate sind jedoch kaum in Gefahr, selbst wenn alle drei bürgerlichen Parteien sich zu einer Listenverbindung zusammenschliessen würden.

Nutzung der Werbemittel

Tabelle B5-12 zeigt, welche Werbemittel und Auftrittsmöglichkeiten die Luzerner Kandidaten genutzt haben. Als Nutzer bezeichnen wir alle Kandidaten, die das jeweilige Mittel überhaupt einsetzten, unabhängig von der Menge oder der Häufigkeit. In der Tabelle sind die Werbemittel in der Reihenfolge ihrer Nutzeranteile angeordnet.

Tabelle B5-12:
Die Werbemittel im Kanton Luzern, aufgelistet nach Nutzeranteilen in Prozent. Berücksichtigt sind die 62 Kandidaten, die an unserer Befragung teilgenommen haben. Das entspricht rund 60 % aller Kandidaten.

Werbemittel	Nutzung
Presseporträts / Interviews	88,7 %
Parteiversammlungen	80,6 %
Standaktionen / Strassenwahlkampf	72,6 %
Podien / Referate	69,4 %
Leserbriefe	67,7 %
Radiointerviews	56,5 %
Einzelinserate	54,8 %
selbst verfasste Artikel	43,5 %
Wahlempfehlungsbriefe	43,5 %
gedruckte Postkarten	40,3 %
Gemeinschaftsinserate	38,7 %
Flyer	38,7 %
eigener Internet-Auftritt	35,5 %
grosse Plakate (≥ A2)	33,9 %
Auftritte in der TV-Sendung «Arena»	32,3 %
TV-Interviews	25,8 %
Versammlungen von Organisationen	25,8 %
Broschüren / Wahlzeitungen	25,8 %
Direct Mail	17,7 %
elektronische Postkarten	14,5 %
kleine Plakate (< A2)	11,3 %
Rundbriefe	4,8 %

Lesebeispiel: Von den befragten Kandidaten setzten 88,7 % auf Porträts und Interviews, jedoch nur 4,8 % auf Rundbriefe.

Ein Vergleich der Tabelle B5-12 mit Tabelle B2-7 zeigt, dass die Nutzung der meisten Werbemittel im üblichen Rahmen lag. Dort wo es Unterschiede gab, waren sie jedoch sehr deutlich. Parteiversammlungen und der Strassenwahlkampf waren sehr stark vertreten. Den Spitzenplatz holten aber eindeutig die Presseportraits und Interviews. Hier lag der Kanton Luzern um 30 Prozent über dem gesamtschweizerischen Durchschnitt. Auch Einzelinserate und Leserbriefe kamen vergleichsweise häufig zum Zug. Die schweizweit nur selten eingesetzten Broschüren und Wahlzeitungen verwendete immerhin jeder vierte Luzerner Kandidat. Dass auch nur jeder vierte TV-Interviews geben konnte, ist dagegen vergleichsweise wenig. Die überdurchschnittlich zahlreichen «Arena»-Auftritte und Interviews in Radiosendungen glichen das Defizit in Bezug auf andere TV-Interviews jedoch aus.

Erfolgversprechende Faktoren und Werbemittel

Auch wenn der Kanton Luzern im schweizerischen Durchschnitt lag, so gab es doch relativ viele Faktoren und Werbemittel, die stark mit einem Wahlerfolg verknüpft waren. Tabelle B5-13 gibt eine Übersicht über die neun Erfolgsfaktoren und die fünf Werbemittel, die mit dem Wahlerfolg eine Korrelation mit einem Koeffizienten von mindestens 0,5 aufwiesen. Das sind einige mehr als in Bezug auf die gesamte Schweiz (vgl. Tabellen B2-9 und B2-10).

Die drei Faktoren Wahlkampf-Budget, Kandidatur für eine etablierte Partei und Bekanntheitsgrad waren die wichtigsten Voraussetzungen für einen Wahlerfolg. Ebenso spielten die Wahlkampfstrategie und die Medienpräsenz eine entscheidende Rolle. Dazu gesellten sich aber auch drei Engagement-Faktoren: Wahlkampfstab, professionelle Unterstützung sowie Fachkompetenz.

Das wichtigste Werbemittel der Erfolgreichen war ein eigener Internet-Auftritt. Wenn die zunehmende Bedeutung dieses Mediums noch eines Beweises bedurft hätte, so haben ihn die Luzerner Kandidaten erbracht. Auch die Teilnahme an der Umfrage von Smartvote war so wirkungsvoll wie sonst nirgends in der Schweiz. Podiumsdiskussionen, Referate, Parteiversammlungen, grosse Plakate und Wahlempfehlungsbriefe trugen ebenfalls zum Erfolg bei. Der Zusammenhang zwischen Radiointerviews und Wahlerfolg war ebenfalls relativ gross, während die TV-Interviews in ihrer Wirkung etwas hinter dem gesamtschweizerischen Durchschnitt zurückblieben. Auch zahlreiche andere Werbemittel wirkten weniger als in den übrigen Kantonen: der Strassenwahlkampf, die Teilnahme

Tabelle B5-13:
Die wichtigsten Korrelationen von Erfolgsfaktoren und Werbemitteln mit dem relativen Wahlerfolg im Kanton Luzern.

Erfolgsfaktor oder Werbemittel	Zuordnung*	Korrelation** mit dem Wahlerfolg
Wahlkampf-Budget	E	0,773
Kandidatur für etablierte Partei	A	0,655
Bekanntheitsgrad (1 Jahr vor Wahltag)	A	0,647
eigener Internet-Auftritt	M	0,642
Medienpräsenz	V	0,623
Wahlkampfstab (Arbeitsaufwand in Std.)	E	0,600
Fachkompetenz	E	0,562
professionelle Unterstützung	E	0,558
souveränes Auftreten	V	0,554
Podien / Referate	M	0,544
Wahlkampfstrategie	V	0,535
Parteiversammlungen	M	0,532
Radiointerviews	M	0,513
grosse Plakate ($\geq$ A2)	M	0,507

* Zuordnung zu den drei Gruppen der Erfolgsfaktoren (vgl. Seite 84):
A = Anker-Faktor
E = Engagement-Faktor
V = Verpackungs-Faktor
M = Mittel (Werbemittel oder Massnahme)

** Der Korrelationskoeffizient wird in Kapitel B2 auf Seite 90 erklärt.

Lesebeispiel: Im Kanton Luzern hing das Wahlkampf-Budget am meisten mit dem relativen Wahlerfolg zusammen.

an Versammlungen von anderen Organisationen, Postkarten, Rundbriefe und Leserbriefe. Weniger Wirkung erzeugten ferner die Presseporträts und Interviews.

Da im Kanton Luzern insbesondere die Bürgerlichen ihre Listen alphabetisch zusammengestellt hatten, war der Listenplatz nicht matchentscheidend. In Bezug auf den Listenplatz halfen fast alle

Werbemittel weniger ausgeprägt als in den anderen Kantonen. Am ehesten war mit Radio- und TV-Interviews sowie mit Rundbriefen etwas zu erreichen. Dafür gab es einige Engagement- und Verpackungs-Faktoren, die innerhalb der eigenen Liste überdurchschnittlich stark weiterhelfen konnten. Dazu gehörten vor allem die Meinungsführerschaft in bestimmten Themen, die Wahlkampfstrategie, die Fachkompetenz und das persönliche Aussehen.

Fazit: Der Wahlkampf im Kanton Luzern entspricht im Grossen und Ganzen dem schweizerischen Durchschnitt. Jedoch sollte genau auf die Selektion der Werbemittel geachtet werden: Manche sind besonders wirkungsvoll, während andere eine ungewöhnlich schwache Wirkung erzielen. Auf einen eigenen Internet-Auftritt sollte man nicht verzichten. Voraussetzung für den Erfolg ist ferner, dass die Kandidaten an den Faktoren des persönlichen Engagements arbeiten.

f) Die mittelgrossen Kantone (5 bis 7 Sitze)

Je weniger Kandidaten bzw. Befragungsteilnehmer aus einem Kanton kommen, desto weniger können wir den Wahlerfolg an bestimmten Erfolgsfaktoren und Werbemitteln festmachen. Das hat einen einfachen statistischen Grund: Die kleine Anzahl Kandidaten ist nicht repräsentativ. Daher haben wir die mittelgrossen Kantone in grössere Einheiten zusammengefasst.

In diesem Unterkapitel behandeln wir die deutsch- und mehrsprachigen Kantone, die je zwischen fünf und sieben Nationalräte stellen. Tabelle B5-14 bietet einen Überblick über die in den einzelnen Kantonen zu vergebenden Sitze sowie die Anzahl Kandidaten. In der rechten Spalte ist aufgelistet, wie viele dieser Kandidaten jeweils unseren Fragebogen ausgefüllt haben.

Tabelle B5-14:
Übersicht über die Situation in den mittelgrossen Kantonen.

Kanton	NR-Sitze	Anzahl Kandidaten	Teilnehmer an Befragung absolut	in Prozent
Freiburg	7	61	34	55,7 %
Solothurn	7	75	42	56,0 %
Basel-Stadt	5	67	35	52,2 %
Basel-Landschaft	7	79	41	51,9 %
Graubünden	5	43	24	55,8 %
Thurgau	6	63	40	63,5 %
Wallis	7	91	48	52,7 %

Lesebeispiel: Im Kanton Freiburg sind 7 Sitze zu vergeben. Insgesamt kandidierten 61 Personen. Davon haben 34 (55,7 %) an unserer Befragung teilgenommen.

Da wir diese Kantone für die Analyse zusammengefasst haben, können wir sie ähnlich behandeln wie die grossen Kantone. Dabei gehen in der Darstellung zwar allfällige kantonale Besonderheiten verloren.[7] Dennoch halten wir die Zusammenfassung für gerechtfertigt, zumal in Wahlkämpfen um eine relativ kleine Anzahl Sitze die Gemeinsamkeiten überwiegen.

Ausgangslage

Sind nur fünf bis sieben Sitze zu vergeben, braucht es für ein Mandat in der Regel 12 bis 17 Prozent der Wählerstimmen. Daher gehen in den meisten Fällen alle Sitze an die vier Bundesratsparteien. Selbst die Grünen haben es schwer, in einem mittelgrossen Kanton zu einem Sitz zu kommen. Von den sieben Kantonen, die in diesem Kapitel behandelt werden, haben nur die Grünen aus dem Kanton Basel-Landschaft einen Sitz inne. Ansonsten sind Ausnahmen nur im Fall kantonal ausgesprochen stark verwurzelter Parteien denkbar. So hält die CSP im Kanton Freiburg einen Sitz, während in Basel-Stadt die LPS ihr Mandat im Jahr 2003 verlor. Das lag auch daran, dass der Halbkanton aufgrund der negativen Bevölkerungsentwicklung einen Sitz abgeben musste.

Sitzgewinne oder -verluste sind für die Parteien in den mittelgrossen Kantonen einschneidende Ereignisse. Die Nationalratswahlen 2003 standen dabei ganz im Zeichen des Aufstiegs der SVP. In vier der sieben Kantone konnte sie einen Sitzgewinn verbuchen: in den Kantonen Solothurn und Wallis zulasten der CVP, in Basel-Landschaft zulasten der FDP. Die Freiburger SVP schliesslich holte den Sitz, dem Kanton aufgrund seines Bevölkerungszuwachses neu zustand.

Was die Listenverbindungen betrifft, gab es relativ grosse Unterschiede. Während in Graubünden alle Parteien getrennt antraten, gab es in Basel-Landschaft im Wesentlichen zwei grosse Blöcke: die Bürgerlichen sowie die Allianz Rot-Grün. Bemerkenswert ist der Fall der Walliser CVP: Da zwischen den beiden Parteisektionen CVP und CSP kein Bündnis mehr zustande kam, verlor die CSP ihren Sitz.

Die Aussichten für die Wahlen 2007 sind je nach Kanton unterschiedlich. Daher führen wir jeweils das Wesentlichste für jeden Kanton separat auf.

---

7 Die Besonderheiten der jeweiligen Kantone können aus den zur Verfügung stehenden Daten herausgearbeitet werden. Das ist Bestandteil der konkreten Beratungstätigkeit der Autoren.

- **Freiburg:** Die Wahlergebnisse der beiden Blöcke von CVP und FDP einerseits sowie von SP, Grünen, EVP und CSP andererseits lagen 2003 eng beieinander. Halten die Stimmgewinne der SVP weiter an, könnte sie dem schwächeren der beiden Blöcke einen Sitz streitig machen.

- **Solothurn:** Die Allianz Rot-Grün hat ihre zwei Sitze auf sicher. Schneidet sie sehr gut ab, scheint ein dritter Sitz nicht unerreichbar zu sein. Die drei bürgerlichen Parteien erhielten 2003 jeweils ähnlich viele Stimmen. Es dürfte also spannend werden, wer von ihnen zwei und wer nur einen Sitz erringt.

- **Basel-Stadt:** Die Sitzverteilung ist relativ stabil. Die FDP muss sich darauf konzentrieren, ihren Vorsprung vor der LPS zu halten. Sollten die rot-grüne Allianz deutlich geschwächt werden, könnte die LPS unter Umständen der SP einen Sitz streitig machen.

- **Basel-Landschaft:** Die Sitzverteilung zwischen dem bürgerlichen und dem linken Block erscheint relativ stabil. Die CVP läuft Gefahr, ihren Sitz an die FDP oder an die SVP zu verlieren.

- **Graubünden:** Die Mandatsverteilung ist sehr stabil. Wenn die FDP viele Stimmen verlieren sollte, käme jede der drei anderen Bundesratsparteien als potenzielle Nutzniesserin in Frage.

- **Thurgau:** Auch hier herrschen klare Verhältnisse. Von stärkeren FDP-Verlusten könnten sowohl die SVP oder die Allianz Rot-Grün – insbesondere die Grünen – profitieren.

- **Wallis:** Die Sitzverteilung ist relativ stabil. Wenn sich die CVP und die CSP zu einem Bündnis entschliessen, wäre am ehesten einer der beiden SP-Sitze gefährdet.

Nutzung der Werbemittel

Tabelle B5-15 zeigt, welcher Prozentanteil unter den Kandidaten, die in den mittelgrossen Kantonen an unserer Befragung teilgenommen haben, das jeweilige Werbemittel verwendet hat. Als Nutzer bezeichnen wir alle Kandidaten, die das jeweilige Mittel überhaupt einsetzten, unabhängig von der Menge oder der Häufigkeit. In der Tabelle sind die Werbemittel in der Reihenfolge ihrer Nutzeranteile angeordnet.

Tabelle B5-15:
**Die Werbemittel in den mittelgrossen Kantonen, aufgelistet nach Nutzer-
anteilen in Prozent.** Berücksichtigt sind die 264 Kandidaten, die an unserer
Befragung teilgenommen haben. Das entspricht 55,1 % aller Kandidaten.

Werbemittel	Nutzung
Presseporträts / Interviews	81,8 %
Parteiversammlungen	78,4 %
Standaktionen / Strassenwahlkampf	73,5 %
Podien / Referate	73,5 %
Leserbriefe	68,2 %
Radiointerviews	64,0 %
TV-Interviews	61,4 %
selbst verfasste Artikel	56,1 %
grosse Plakate (≥ A2)	51,5 %
Gemeinschaftsinserate	50,4 %
Einzelinserate	45,5 %
Flyer	40,9 %
gedruckte Postkarten	39,8 %
Wahlempfehlungsbriefe	39,4 %
Versammlungen von Organisationen	35,2 %
eigener Internet-Auftritt	33,3 %
kleine Plakate (< A2)	29,5 %
Auftritte in der TV-Sendung «Arena»	23,1 %
Direct Mail	23,1 %
Broschüren / Wahlzeitungen	13,3 %
Rundbriefe	8,3 %
elektronische Postkarten	8,0 %

*Lesebeispiel: Von den befragten Kandidaten setzten 81,8 % auf Porträts
und Interviews, jedoch nur 8 % auf elektronische Postkarten.*

Ein Vergleich zwischen Tabelle B5-15 und B2-7 zeigt, dass fast alle
Werbemittel von einem überdurchschnittlich hohen Anteil der
Kandidaten eingesetzt wurden. Das ist nicht weiter erstaunlich, da

im Wesentlichen nur die relativ finanzstarken grossen Parteien und ihre Unterstützerlisten antraten.

Presseporträts und Interviews waren ein unverzichtbarer Bestandteil des Wahlkampfs. Überraschenderweise konnte sich der Grossteil der Kandidaten auch in Radio und Fernsehen vorstellen. Gerade im Vergleich zu den grösseren Kantonen Aargau, St.Gallen und Luzern waren die Kandidaten in den mittelgrossen Kantonen in den Medien sehr präsent.

Auf den vorderen Plätzen lagen bezüglich der Nutzung auch die «klassischen Werbemittel»: Strassenwahlkampf, Podiumsdiskussionen, Referate und Leserbriefe. Eine grössere Rolle spielten auch Plakatkampagnen. Jeder zweite Kandidat warb mit grossflächigen Plakaten. Die übrigen Werbemittel wurden nicht auffallend häufiger verwendet als in den grösseren Kantonen.

Erfolgversprechende Faktoren und Werbemittel

Was die Wirkung der verschiedenen Erfolgsfaktoren und Werbemittel betrifft, repräsentieren die mittelgrossen Kantone die gesamte Schweiz relativ gut. Die wichtigsten Zusammenhänge mit dem Wahlerfolg sind in der Tabelle B5-16 zusammengefasst. Diese Zusammenhänge stimmen weitgehend mit den wichtigsten Faktoren und Mitteln der Tabellen B2-9 und B2-10 überein.

In Tabelle B5-16 tauchen die Einzelinserate neu in der Spitzengruppe auf, dafür fehlen die Podiumsdiskussionen und die Referate. Am meisten trug auch das Budget zum Erfolg bei. Daneben waren die Medienpräsenz und die vier Anker-Faktoren Bekanntheitsgrad, Kandidatur für eine etablierte Partei, bisherige politische Karriere und Bisherigenbonus wichtige Voraussetzungen für den Wahlerfolg.

Die Bedeutung der Medienpräsenz wird dadurch unterstrichen, dass neben den Einzelinseraten die zahlreichen Radio- und TV-Interviews am wichtigsten waren. Zwischen den Presseporträts und Interviews einerseits und dem Wahlerfolg andererseits haben wir dagegen einen relativ schwachen Zusammenhang gemessen. Das liegt in erster Linie daran, dass dieses Mittel den meisten Kandidaten zur Verfügung stand, so dass sie sich damit allein nicht voneinander abheben konnten. Relativ schwach wirkten die Plakate und die selbst verfassten Artikel. Demgegenüber waren gedruckte Postkarten erfolgreich.

Tabelle B5-16:
**Die wichtigsten Korrelationen von Erfolgsfaktoren und Werbemitteln
mit dem relativen Wahlerfolg in den mittelgrossen Kantonen.**

Erfolgsfaktor oder Werbemittel	Zuordnung*	Korrelation** mit dem Wahlerfolg
Wahlkampf-Budget	E	0,697
Bekanntheitsgrad (1 Jahr vor Wahltag)	A	0,617
Kandidatur für eine etablierte Partei	A	0,586
Einzelinserate	M	0,582
TV-Interviews	M	0,582
politische Karriere (Index)	A	0,575
Radiointerviews	M	0,565
Medienpräsenz	V	0,540
Bisherigenbonus	A	0,533

* Zuordnung zu den drei Gruppen der Erfolgsfaktoren (vgl. Seite 84):
   A = Anker-Faktor
   E = Engagement-Faktor
   V = Verpackungs-Faktor
   M = Mittel (Werbemittel oder Massnahme)

** Der Korrelationskoeffizient wird in Kapitel B2 auf Seite 90 erklärt.

*Lesebeispiel: In den mittelgrossen Kantonen hing das Wahlkampf-Budget
am meisten mit dem relativen Wahlerfolg zusammen.*

Je kleiner ein Kanton, desto wichtiger ist eine langfristige Planung
der politischen Karriere. Schneidet ein Kandidat innerhalb der eigenen Liste gut ab, hilft ihm das, bei einer der nächsten Gelegen-
heiten als Spitzenkandidat antreten zu können.

Es erstaunt nicht, dass der Bisherigenbonus mit Abstand das wichtigste Kriterium dafür war, wie ein Kandidat innerhalb der eigenen
Liste abschnitt. Erfolge konnten hier auch mit Radio- und TV-Interviews erzielt werden, während die Beachtung in der Presse weniger nützte. Eine besondere Stellung nimmt der Listenplatz ein.
Stehen nur fünf bis sieben Personen auf einer Liste, überblicken die
Wähler auch die hinteren Positionen gut. Viele Parteien ordneten
die Liste komplett alphabetisch.

Fazit: In den mittelgrossen Kantonen konzentriert sich der Wahlkampf stark auf die etablierten Parteien, und in der Regel haben nur
die Spitzenkandidaten eine realistische Wahlchance. Einsatz und
Wirkung der Werbemittel liegen im üblichen Rahmen, die Rolle von
Radio und Fernsehen darf jedoch nicht unterschätzt werden.

g) Die kleinen Kantone (2 bis 4 Sitze)

In den kleinen Kantonen kann der Wahlerfolg nicht mehr anhand von einzelnen Faktoren und Werbemitteln erklärt werden. Die Anzahl Kandidaten ist zu klein. So unterscheiden sich Erfolg und Misserfolg immer in einem ganzen Paket von Voraussetzungen und Massnahmen. Dazu kommt, dass die Kandidaten eine noch wichtigere Rolle spielen als anderswo. Man kann davon ausgehen, dass viele Wähler die Kandidaten kennen.

Auch im Wahlkampf verschieben sich die Schwerpunkte. In den grossen Kantonen können Personen und Programme mit eigenen Kampagnen beworben werden. Je kleiner die Kantone werden, desto mehr muss auf die speziellen Konstellationen Rücksicht genommen werden. In Wahlkreisen mit bis zu vier Sitzen spielt die Auseinandersetzung mit den Hauptkonkurrenten eine entscheidende Rolle.

Da die Anzahl Kandidaten in den kleinen Kantonen gering ist und nicht alle an unserer Befragung teilnahmen, konnten wir nur wenige Daten erheben. Ein genauer Vergleich von Prozentzahlen und Korrelationen mit der gesamten Schweiz oder den grösseren Kantonen macht daher wenig Sinn. Wir beschränken uns auf grobe Klassifizierungen: Welche Mittel setzten die Kandidaten ein? Und welche Erfolgsfaktoren und Werbemittel standen mit einem Wahlerfolg in Verbindung? Diesen Fragen gehen wir in den nächsten Abschnitten auf den Grund.

Ausgangslage

Wir behandeln in diesem Abschnitt die drei Kantone Schwyz, Zug und Schaffhausen. Sind nur zwei bis vier Sitze zu vergeben, ist die Ausgangslage klar. Auch können in diesem Fall die Sitze in der Regel über längere Zeiträume von denselben Parteien und Politikern gehalten werden. Raum für neue, aufstrebende Kandidaten und andere Parteien entsteht in der Regel nur, wenn mindestens ein Bisheriger nicht mehr antritt.

Die Nationalratswahlen 2003 waren insofern bemerkenswert, als in zwei der drei Kantone, nämlich in Schwyz und Zug, politische Erdbeben mittlerer Stärke stattfanden.

- **Schwyz:** Aufgrund der Bevölkerungsentwicklung erhielt der Kanton Schwyz einen vierten Sitz zugesprochen. Das war für alle Beteiligten eine relativ komfortable Ausgangsposition. Umso mehr überraschte, dass zwei der drei Bisherigen abgewählt wurden. Während seitens der CVP parteiintern ein Sitztausch erfolgte (Reto Wehrli für Toni Eberhard), verlor die FDP ihren Sitz. Maya Lalive d'Epinay, die 1999 einen Wahlkampf wie aus dem Lehrbuch geführt hatte, schaffte die Wiederwahl nicht mehr. Die SVP konnte ein zweites Mandat erobern, und die SP kehrte nach einem Unterbruch von acht Jahren wieder in den Nationalrat zurück.

  Wenn wir davon ausgehen, dass die Wahlen 2007 nicht ähnlich starke Verschiebungen bringen, können die SVP und die CVP ihre Sitze relativ sicher halten. Für die SP besteht die Gefahr, den Sitz von Josi Gyr an eine bürgerliche Partei, in erster Linie an die FDP, zu verlieren. Kommt es auf Seiten der Bürgerlichen zu Listenverbindungen, muss die SP deutlich zulegen, um ihren Sitz halten zu können.

- **Zug:** Im Kanton Zug müssen die vier ähnlich starken Blöcke SVP, FDP, CVP sowie Rot-Grün um drei Nationalratssitze buhlen. Hatte 1999 die Linke das Nachsehen, so war es 2003 die FDP. Auch hier scheiterte ein Bisheriger (Hajo Leutenegger), obwohl seitens der CVP und der Linken kein amtierender Nationalrat antrat. Ebenso überraschend überflügelten im linken Lager die Alternativen die SP, und somit machte ihr Spitzenkandidat, Jo Lang, das Rennen.

  Falls die Linke 2007 den alternativen Nationalrat geschlossen unterstützt, sollte dessen Wiederwahl kein Problem sein. Auch der SVP dürfte die Verteidigung ihres Sitzes locker gelingen. Der linke Sitz wäre auch durch bürgerliche Listenverbindungen kaum zu gefährden. Um den dritten Sitz wird es also voraussichtlich erneut ein offenes Rennen zwischen der CVP und der FDP geben, wobei die CVP dieses Mal mit Parteipräsident Gerhard Pfister den Bisherigen stellt.

- **Schaffhausen:** Hier herrschten bei den Wahlen 2003 klare Verhältnisse. Die beiden Bisherigen Gerold Bührer (FDP) und Hans-Jürg Fehr (SP) wurden problemlos wiedergewählt. Fehr war nicht einmal durch eine Listenverbindung aller bürgerlichen Kräfte zu gefährden. Auch bei den Wahlen 2007 ist mit einer Bestätigung der Verhältnisse zu rechnen, zumal Fehr seit seiner Wahl als Parteipräsident der SP Schweiz im Frühjahr 2004 noch bekannter geworden ist. Es ist jedoch nicht auszuschliessen, dass die FDP den bürgerlichen Sitz an die SVP verliert. Das umso mehr, als der langjährige Nationalrat Gerold Bührer im Herbst 2006 zurücktrat und Präsident der Economiesuisse wurde. Seinem Nachfolger steht kein einfaches Wahljahr bevor.

Nutzung der Werbemittel

In den kleinen Kantonen traten nur die grossen Parteien an, allenfalls mit Unterstützerlisten. Es kandidierten überwiegend bekannte kantonale Spitzenpolitiker. Bewerben sich nur vier bis acht Kandidaten pro Sitz, liegt es auf der Hand, dass alle Werbemittel überdurchschnittlich oft eingesetzt werden. Aufgrund der geringen Anzahl Kandidaten blieb der Wahlkampf für die Wähler aber überschaubar.

Was die Auswahl der Werbemittel betraf, wichen die Kandidaten der kleinen Kantone nur wenig vom gesamtschweizerischen Durchschnitt ab. Fast alle Kandidaten wurden in der Presse vorgestellt und schrieben Leserbriefe. Genauso gehörte es zum Standard, an Parteiversammlungen und Podiumsdiskussionen teilzunehmen, Referate zu halten und im Strassenwahlkampf aktiv zu sein. Typisch für kleine Kantone waren grossflächige Plakate, auf die kaum jemand verzichtete. Am wenigsten wurden Rundbriefe und elektronische Postkarten verschickt, Broschüren und Direct Mails hingegen von fast einem Drittel der Kandidaten eingesetzt.

Erfolgversprechende Faktoren und Werbemittel

Der Einsatz der Werbemittel war im Grossen und Ganzen typisch für den Schweizer Wahlkampf. Allerdings zeigten sich in der Wirkung etliche Abweichungen vom gesamtschweizerischen Durchschnitt.

Für eine etablierte Partei zu kandidieren, war in den kleinen Kantonen die wichtigste Voraussetzung für einen Wahlerfolg. Daneben spielten die Faktoren Medienpräsenz, bisherige politische Karriere und Bekanntheitsgrad eine bedeutende Rolle. Weniger wichtig waren hingegen das Budget und der Bisherigenbonus. Die geringere Auswirkung des Bisherigenbonus in den Nationalratswahlen 2003 – wie erwähnt, wurden zwei Schwyzer und ein Zuger Bisheriger abgewählt – war wohl ein Ausnahmefall.

Alle übrigen Erfolgsfaktoren spielten eine unterdurchschnittliche Rolle. Das ist darauf zurückzuführen, dass die Anzahl aussichtsreicher Kandidaten begrenzt war und diese vielen Wählern bekannt waren. Die Persönlichkeit der Politiker und damit Sympathien bzw. Antipathien seitens der Wähler drängten andere Faktoren in den Hintergrund. Auch die Wahlkampfstrategie beeinflusste die Wahlergebnisse kaum, wohl deshalb, weil die Wahlkämpfe in den kleinen Kantonen sich vermehrt an den direkten Gegnern orientieren mussten. Entsprechend spielte die Taktik, also die kurzfristige Reaktion auf bestimmte Situationen oder Ereignisse, eine wichtigere Rolle.

Zu den erfolgversprechendsten Werbemitteln zählten Podiumsdiskussionen und Referate, Einzelinserate, Radio- und TV-Interviews sowie ein eigener Internet-Auftritt. Leserbriefe waren ähnlich wirkungsvoll wie selbst geschriebene Artikel, und auch Direct Mails konnten erfolgreich eingesetzt werden. Hingegen waren die Plakate, obwohl beliebt, weniger wirksam.

Gerade in kleinen Kantonen ist der Einzug in den Nationalrat fast nur dann möglich, wenn ein Bisheriger zurücktritt. Umso bemerkenswerter waren die Abwahlen im Jahr 2003. Um solche Überraschungen erst möglich zu machen, müssen sich Kandidaten nicht nur vom politischen Gegner, sondern auch von den Mitbewerbern auf der gleichen Liste abheben. Dazu trugen in den letzten Wahlen nachweislich etliche Faktoren bei: der Bekanntheitsgrad, die bisherige politische Karriere, die persönlichen Ambitionen, die Meinungsführerschaft, die Mitgliedschaft in Organisationen und das souveräne Auftreten. Weniger als anderswo trugen Bisherigenbonus und Listenplatz zum Erfolg bei. Versammlungen von Organisationen zu besuchen, an Podiumsdiskussionen teilzunehmen, sich in der Presse zu präsentieren und Broschüren oder Wahlzeitungen zu versenden, gehörten zu den wirksamsten Werbemitteln.

Fazit: Aufgrund der geringen Anzahl Kandidaten spielt in den kleineren Kantonen die Persönlichkeit eine überragende Rolle. Die meisten Wähler können sich auch über die Kampagnen hinaus ein Bild von den Kandidaten machen. Trotz der geringen Anzahl Sitze ist deren Verteilung nicht zementiert. Gerade die Wahlen 2003 sorgten für einige Überraschungen. Da in der Regel nur die grössten Parteien antreten, ist der Wahlkampf von einem überdurchschnittlicher Mitteleinsatz geprägt. Trotzdem ist es empfehlenswert, die Ressourcen auf die erfolgreichsten Werbemittel zu konzentrieren.

h) Die Kleinst-Kantone (jeweils 1 Sitz)

Den sechs einwohnerschwächsten Kantonen steht jeweils nur ein Sitz zu. Das bedeutet einen wesentlichen Unterschied zu allen anderen Kantonen: Die Nationalratswahl ist eine reine Majorzwahl. Wer im ersten Wahlgang die meisten Stimmen erhält, macht das Rennen, alle anderen Kandidaten gehen leer aus.

Eine Listenverbindung ist in den Kleinst-Kantonen nicht möglich. Das heisst aber nicht, dass die Parteien sich nicht absprechen würden, ganz im Gegenteil. So verzichtet eine Partei beispielsweise freiwillig auf eine Kandidatur und unterstützt den Kandidaten einer anderen Partei. Exemplarisch kann hier der Fall des Kantons Uri genannt werden: Dort belegt die FDP traditionell den Nationalratssitz, während die beiden Ständeratssitze an die CVP gehen. Aufgrund dieser Absprache zwischen den beiden grössten Parteien schaffte es bislang weder die Linke noch die SVP, an den Sitzverteilungen in den beiden Kammern etwas zu ändern.

Ausgangslage

Art und Intensität des Wahlkampfs hängen in den Einerwahlkreisen ganz von der strategischen Ausgangssituation ab. Grundsätzlich sind vier Szenarien denkbar:

▪ Es gibt einen unumstrittenen Spitzenkandidaten, dessen Wahl praktisch sicher ist: Bei den Wahlen 2003 war dies in vier der sechs Kleinst-Kantone der Fall. In Nidwalden wurde der FDP-Nationalrat Eduard Engelberger ebenso ungefährdet wiedergewählt wie der Innerrhoder CVP-Nationalrat Arthur Loepfe. Der Obwaldner Bisherige Adrian Imfeld von der CVP erhielt fast doppelt so viele Stimmen wie sein SVP-Herausforderer. Eine besondere Situation lag in Glarus vor: Hier gab es eine umfassende Absprache zwischen der SP und den Bürgerlichen über die Verteilung der beiden Ständeratsmandate sowie des einzigen Nationalratssitzes. Auf diese Weise sicherte SP-Nationalrat Werner Marti seine Wiederwahl im Schlafwagen. In allen vier Fällen ist bei den nächsten Wahlen mit einer ähnlich stabilen Situation zu rechnen.

▪ Zwei Kandidaten mit etwa gleich guten Chancen kämpfen um das Mandat, andere Bewerber spielen keine Rolle: Diese Konstellation war bei den Nationalratswahlen 2003 in keinem Kanton gegeben. Sollte in Obwalden die SVP deutlich an Boden gewinnen, könnte dort 2007 allerdings eine solche Situation eintreten.

- Zwei Kandidaten mit etwa gleich guten Chancen streiten sich um das Mandat, und einer oder mehrere weitere Kandidaten ohne eigene Chancen spielen das Zünglein an der Waage. So präsentierte sich die Situation 2003 in Appenzell Ausserrhoden. Der Halbkanton war damals in einer denkbar ungünstigen Lage: Aufgrund der negativen Bevölkerungsentwicklung verlor er einen seiner beiden Sitze. Beide bisher vertretenen Parteien, die FDP und die SVP, versuchten ihr Mandat zu halten. Siegerin war schliesslich die FDP-Kandidatin Marianne Kleiner. Die SVP verlor trotz des Bisherigenbonus ihres Kandidaten Jakob Freund. Spannend wurde die Wahl wegen SP-Kandidat Ivo Müller, der etwa halb so viele Stimmen wie die beiden Bisherigen erringen konnte. Falls die SP erneut antreten sollte, dürfte das Rennen zwischen den beiden bürgerlichen Parteien offen sein.

- Mehr als zwei Kandidaten haben Aussicht auf Erfolg: Diese Situation ist relativ selten und wird meistens durch Allianzen sich nahestehender Parteien von vornherein verhindert. Trotzdem trat dieser Fall 2003 im Kanton Uri ein. Die FDP verteidigte ihren Sitz mit Regierungsrätin Gabi Huber, der Nachfolgerin von Franz Steinegger. Ihr Vorsprung gegenüber den Spitzenkandidaten von SVP und Grünen war allerdings nur knapp. Normalerweise ist eine linke Kandidatur chancenlos. Sollten sich aber wiederum zwei oder mehrere Bürgerliche ein knappes Rennen liefern, könnten die Linken eines Tages die lachenden Dritten sein.

Erfolgversprechende Faktoren und Werbemittel

Neben dem Budget war ein weiterer Engagement-Faktor besonders wichtig, der sonst eine eher untergeordnete Rolle spielt: die Zusammenarbeit mit professionellen Wahlkampfexperten. Auch ein aktiver Wahlkampfstab und die persönlichen Ambitionen trugen wesentlich zum Erfolg bei. Die entscheidende Bedeutung dieser Engagement-Faktoren weist auf die Ähnlichkeit mit den Ständeratskampagnen hin. Bei Duellen zwischen bekannten Persönlichkeiten waren die Verpackungs-Faktoren in der Regel weniger wichtig.

Zum Zug kamen Interviews in Presse, Radio und Fernsehen sowie Einzelinserate. Die grosse Mehrheit der Kandidaten setzte auch die meisten anderen Werbemittel ein, mit zwei Ausnahmen: Gemeinschaftsinserate gab es situationsbedingt nicht, und der Strassenwahlkampf war in den Einerwahlkreisen wenig üblich.

Von allen Kandidaten gleichermassen verwendete Werbemittel trugen nicht dazu bei, dass sich die Kandidaten voneinander abheben konnten. Die siegreichen Kandidaten setzten auch einige sonst seltener genutzte Werbemittel ein: elektronische Postkarten, Wahlempfehlungsbriefe und Direct Mails. Flyer waren erfolgreicher als gedruckte Postkarten. Dagegen kamen Rundbriefe, Broschüren, Wahlzeitungen und Leserbriefe weniger gut an.

Fazit: In den Kantonen, die nur einen Sitz haben, ist der Wahlkampf mit den Ständeratswahlen vergleichbar. Im Zentrum steht die direkte Auseinandersetzung zwischen den Kandidaten, die gegeneinander antreten. Besonders wichtig sind in diesen Auseinandersetzungen die Faktoren des Engagements.

Anhang

Inhaltsübersicht:

Musterbeispiel für einen Leserbrief, allerdings mit «Fehlern»:

Leserbrief vom 12. Dezember 2003 – mit der Bitte um baldige Publikation

In den Bundesrat geprügelt[1]

Wie Christoph Blocher und die Massenmedien voneinander profitieren.[2]
«Blocher am Ziel: Bundesrat», Tages-Anzeiger vom 11. Dezember

Die Wahl von Christoph Blocher in den Bundesrat ist auch ein Lehrstück über die Rolle der Massenmedien. 1986 verpassten ihm die Journalisten das Etikett «Volkstribun», weil die von ihm mitbegründete Auns[3] dem Bundesrat ein erstes Waterloo bereitete. Die Abstimmung über den Uno-Beitritt[3] fiel mit einem Nein-Stimmen-Anteil von 75 Prozent[4] durch. Im schicksalhaften Jahr 1992 mutierte Blocher definitiv zur Reizfigur par excellence, weil er, so die mediale Verkürzung, die Schlacht um den EWR-Vertrag[3] im Alleingang gewann. Der Bauer gegen all die karrieregeilen Beamten und Diplomaten, die Classe politique[5] sowie deren Adlaten[5] in den Redaktionen. Der Mythos war geboren.

Seither ist Christoph Blocher gleichsam der bekannteste wie umstrittenste Politiker des Landes. Seither hat er ein Abonnement für die «Arena». Seither betreiben viele Medien landauf, landab Blocher-«Bashing»[5]. Der

---

1   Zwingend einen (knackigen) Titel setzen.

2   Ein Untertitel soll die Redaktion neugierig machen bzw. die Stossrichtung des Leserbriefs andeuten. Zudem sollte an dieser Stelle sicherheitshalber der Titel des Artikels genannt werden, auf den sich der Leserbrief bezieht.

3   In journalistischen Texten sollten Abkürzungen grundsätzlich vermieden werden; die häufigsten Ausnahmen sind: SBB, Nato, EU, Uno, UBS, CS, etc., usw., Fifa, Uefa, SMS sowie die Abkürzungen regionaler Verkehrsbetriebe (z.B. VBZ in Zürich). Auns und EWR sind Grenzfälle.

4   Das Wort «Prozent» ausschreiben, nicht «%»; Zahlen werden in der Regel bis und mit zwölf ausgeschrieben, danach 13, 14 usw.

5   Vorsicht bei Fremdwörtern oder weniger bekannten Wörtern.

«Blick» beispielsweise führte jahrelang eine Kampagne gegen Blocher mit dem Ziel, ihn zu zerstören. Resultat: Der kleine Herrliberger wurde noch grösser. Und zu einem Märtyrer – eine Rolle, die er sorgsam pflegt. Qualitätszeitungen leiden seit 1992 an einer Blocher-Fixierung. Mit grotesken Folgen: Wenn er an der Generalversammlung der Trachtengruppe Edelweiss in Hintermümliswil mit dem linken Auge zwinkert, hat das Newswert[5] erster Güte. Und heult ein Lead-Medium[5] auf, stimmen die anderen ein. Das bekannte Rudelverhalten der Wölfe. Für Reflexion sowie journalistische Gewichtung und Einordnung bleibt kaum mehr Zeit. Da stellt sich unweigerlich die Frage, ob die Medien ihre Kernaufgaben noch wahrnehmen – oder wahrnehmen wollen.

Blocher und die Massenmedien – sie beobachten sich argwöhnisch, gereizt, womöglich sogar mit Verachtung. Gleichzeitig profitieren sie voneinander: Die Medien bolzen mit ihm Quoten und Auflagen, er missbraucht sie als Lautsprecher für seine Botschaften. Dank dieser Symbiose[5] wurde er zur Überfigur und schliesslich regelrecht in den Bundesrat geprügelt.

Naivlinge glauben, dass dieses Erfolgsrezept mit der gestrigen Wahl Blochers in den Bundesrat beendet wurde. Mich übermannen Zweifel. Selbst wenn Christoph Blocher die Grösse haben sollte, vom rüpelhaften Rebellen zum Staatsmann zu werden – können die Medien sich von seiner weiterhin erfolgversprechenden Stigmatisierung[5] lösen?

Mark Balsiger, Bern[6]

Rückfragen:[7]
Mark Balsiger, Bantigerweg 48, 3006 Bern
Telefon P 031 351 57 17; Handy 079 696 97 02
E-Mail: mark.balsiger@gmx.ch

---

6   *Immer mit Vor- und Nachnamen sowie Ortschaft zeichnen (nicht M. Balsiger, Bern).*

7   *Für Rückfragen: Komplette Adresse inkl. Telefonnummer und E-Mail notieren. (Seitens der Redaktion wird ab und zu verifiziert, ob man den Leserbrief auch wirklich geschrieben hat.)*

Musterbeispiel für
eine Medienmitteilung:

Medienmitteilung vom Dienstag, 19. Dezember 2006, 8 Uhr

Ledergerber im Spital

**Der Zürcher Stadtpräsident hat sich beim Joggen den Fuss ge-
brochen. Die nächsten zwei Wochen bleibt er arbeitsunfähig.[1]**

*[→ Titel und Lead sind zwingend! Es lohnt sich, mehr als nur zwei Mo-
mente über die Formulierungen nachzudenken. Der allfällige Einstieg
in den Text läuft immer über Titel und Lead. Sie sollten «gluschtig» auf
mehr Information machen. Aber Vorsicht: Allzu knackig oder reisserisch
passt schlecht zu einer Medienmitteilung.]*

hhu.[2] Gestern stürzte Elmar Ledergerber beim Joggen derart unglück-
lich, dass er sich dabei den Fuss gebrochen hat. Der Stadtpräsident
von Zürich war über Mittag der Limmat entlang unterwegs. Nach seinem
Sturz hüpfte er auf einem Bein zur nächsten Tramhaltestelle und be-
gab sich ins Triemlispital. Laut der Diagnose der Ärzte ist der Fussbruch
kompliziert; Ledergerber wurde noch am selben Nachmittag operiert.
Ansonsten gehe es ihm gut.

Ende Woche sollte Ledergerber nach Hause gehen dürfen, sagten die
Ärzte. Er dürfte für voraussichtlich zwei Wochen arbeitsunfähig geschrieben werden. Das Präsidialdepartement wird während dieser Übergangs-
phase von Stadtrat Martin Waser geführt.

---

1 *Der so genannte «Lead» umfasst nicht mehr als zwei kurze Sätze. Er dient auch dazu, die Redaktionen auf das Wichtigste aufmerksam zu machen. Er sollte die Aussage des Titels ergänzen, Wiederholungen, auch mit dem Beginn des eigentlichen Textes, sind zu vermeiden.*

2 *Zum «Kürzel» gibt es keine einheitliche Regelung: Oft verwendet werden «id» (Informationsdienst) oder «pd» (Pressedienst), häufig sieht man auch das Kürzel derjenigen Person,
die das Communiqué verfasste. Das Kürzel kann, je nach Medium, am Anfang oder am
Ende des Textes gesetzt werden.*

Hinweise an die Medienschaffenden:[3]

• Für weitergehende Fragen steht Ihnen heute Hugo Hugentobler, Stv. Informationschef der Stadt Zürich, zur Verfügung, und zwar von 8.00 bis 12.00 und von 13.30 bis 15.00 Uhr. Ab 15.00 bis 17.30 Uhr ist Doris Dosenbach vom Informationsdienst unter derselben Telefonnummer Ihre erste Ansprechperson.

Telefon direkt: 044 444 44 44
E-Mail: medien@stadtzuerich.ch

• Elmar Ledergerber gibt auf eigenen Wunsch keine Interviews, so lange er im Spital ist. Wir bitten Sie, das zu respektieren.

---

3   *Solche Zusatzinformationen sind wichtig, schaffen Klarheit und ermöglichen eine einheit-*
    liche Abwicklung der Kommunikation. Sie bestimmen, was möglich ist und was nicht. Ein-
    zelne Medien bevorzugt zu behandeln ist nicht ratsam.

Institut für Medienwissenschaft
Universität Bern
Lerchenweg 36
3000 Bern 9
Tel. 031 631 48 40
E-Mail: imw@imw.unibe.ch

Ihr Wahlkampf im eidgenössischen Wahljahr 2003

Fragebogen an repräsentativ ausgewählte Kandidatinnen und Kandidaten

Bei Fragen wenden Sie sich **direkt** an: Mark Balsiger, Bern   Telefon 031 368 15 08
                                                                    E-Mail: mark_balsiger@gmx.ch

---

1. Ich kandidierte
    - $\square_1$ ausschliesslich für den Nationalrat
    - $\square_2$ gleichzeitig für den Nationalrat und den Ständerat

---

2. Traten Sie als bisheriges Nationalratsmitglied an?
    - $\square_0$ Nein
    - $\square_1$ Ja   Falls Ja, seit welchem Jahr sind Sie im Nationalrat?   Seit: $\square\square\square\square$ *(z.B. 1995)*

---

3. In welchen Wahljahren haben Sie im selben Kanton für den Nationalrat kandidiert resp. nicht kandidiert;
    wann wurden Sie gewählt resp. nicht gewählt; welche Ränge belegten Sie?

	nicht kandidiert:	gewählt:	nicht gewählt:	mein „Rang" auf der eigenen Liste aufgrund des Wahlergebnisses:
2003	$\square_0$	$\square_1$	$\square_2$	(............)
1999	$\square_0$	$\square_1$	$\square_2$	(............)
1995	$\square_0$	$\square_1$	$\square_2$	(............)
1991	$\square_0$	$\square_1$	$\square_2$	(............)
1987	$\square_0$	$\square_1$	$\square_2$	(............)
1983	$\square_0$	$\square_1$	$\square_2$	(............)
1979	$\square_0$	$\square_1$	$\square_2$	(............)

---

4. Wie schätzten Sie **2 Monate** vor dem 19. Oktober 2003 (d.h. Mitte August) Ihre Wahlchancen, in den
    Nationalrat gewählt zu werden, ein?

    Ich schätzte meine Wahlchancen bei ....% ein.

5. Wie schätzten Sie **2 Monate** vor dem 19. Oktober 2003 Ihre Wahlchancen ein?
   (Mehrfachantworten möglich)

   ☐ A Als bisheriges Mitglied des Nationalrats ging ich davon aus, dass ich wieder gewählt werde.

   ☐ B Meine Wahlchancen waren intakt.

   ☐ C Mit Glück sollte ich die Wahl resp. Wiederwahl schaffen.

   ☐ D Ich kandidierte, um eine bessere Ausgangslage für die eidg. Wahlen 2007 zu haben.

   ☐ E Ich kandidierte ohne persönliche Ambitionen.

   ☐ F Ich kandidierte, um zusätzliche Stimmen für die Spitzenleute meiner Liste zu generieren.

   ☐ G Ich kandidierte, um eine Plattform für eine künftige Kandidatur auf kommunaler und/oder kantonaler Ebene zu haben.

   ☐ H Ich wollte mit meiner Kandidatur vor allem auf sachpolitische Themen aufmerksam machen.

6. Wie hoch war Ihr Wahlkampfbudget gesamthaft, also inkl. Zuwendungen usw. von Dritten sowie der eigenen Partei*? *(*Der Begriff Partei gilt in diesem Fragebogen auch für lose Gruppierungen etc.)*
   Falls Sie gleichzeitig für den Ständerat und den Nationalrat kandidierten, addieren Sie beide Budgets.

☐ 1		unter CHF 500.--	
☐ 2 CHF	501.--	bis	1000.--
☐ 3 CHF	1001.--	bis	2500.--
☐ 4 CHF	2501.--	bis	5000.--
☐ 5 CHF	5001.--	bis	10'000.--
☐ 6 CHF	10'001.--	bis	15'000.--
☐ 7 CHF	15'001.--	bis	20'000.--
☐ 8 CHF	20'001.--	bis	30'000.--
☐ 9 CHF	30'001.--	bis	50'000.--
☐ 10 CHF	50'001.--	bis	100'000.--
☐ 11 CHF	100'001.--	bis	200'000.--
☐ 12 CHF	200'001.--	bis	300'000.--
☐ 13 über CHF 300'001.--			
☐ 0 Ich möchte zu meinem Budget keine Angaben machen.			

7. Wie bekannt waren Sie aus Ihrer eigenen Wahrnehmung **ein Jahr vor** dem 19. Oktober 2003 in Ihrem Kanton?

   völlig unbekannt   **allen bekannt**

   | ⓪   ①   ②   ③   ④ | ⑤   ⑥   ⑦   ⑧   ⑨ |

8. Wie bekannt waren Sie aus Ihrer eigenen Wahrnehmung am 19. Oktober 2003 in Ihrem Kanton?

   völlig unbekannt   **allen bekannt**

   | ⓪   ①   ②   ③   ④ | ⑤   ⑥   ⑦   ⑧   ⑨ |

9. In welchen politischen Gremien, für die man vom Volk gewählt werden muss, haben resp. hatten Sie für wie viele Jahre Einsitz?

   ☐A Ich habe resp. hatte keine solchen Mandate.

   ☐B Nationalrat   Anzahl Jahre: ……….

   ☐C Kantonsparlament   Anzahl Jahre: ……….

   ☐D Exekutive auf Kantonsebene Anzahl Jahre: ……….

   ☐E Gemeindeparlament   Anzahl Jahre: ……….

   ☐F Exekutive auf Gemeindeebene Anzahl Jahre: ……….

   ☐G Gemeindepräsidium   Anzahl Jahre: ……….

   ☐H ……………………………… Anzahl Jahre: ……….

   ☐I ……………………………… Anzahl Jahre: ……….

10. Waren/Sind Sie Parteipräsident/-in auf kantonaler Ebene?

   ☐0 Nein
   ☐1 Ja   Falls Ja, von ☐☐☐☐ bis ☐☐☐☐ (z.B. 1995 bis 1999)
            ✎ *Falls Sie **weiterhin** Parteipräsident/-in sind, setzen Sie „von ... bis 2004" ein.*

11. Waren/Sind Sie Fraktionschef/-in Ihrer Partei im Kantonsparlament?

   ☐0 Nein
   ☐1 Ja   Falls Ja, von ☐☐☐☐ bis ☐☐☐☐

12. Präsidierten Sie das Kantonsparlament?

   ☐0 Nein
   ☐1 Ja   Falls Ja, von ☐☐☐☐ bis ☐☐☐☐

13. Schrieben Sie im Wahljahr Leserbriefe?

   ☐0 Nein
   ☐1 Ja   Falls Ja, wie viele sind erschienen? ………. (Anzahl, Schätzung)

14. Schrieben Sie im Wahljahr Artikel für Zeitungen und Magazine, z. B. über politische oder gesellschaftliche Themen?

   ☐0 Nein
   ☐1 Ja   Falls Ja, wie viele Artikel sind erschienen? ………. (Anzahl)
            In welchen Medien? *(Nennen Sie die Titel.)*

………………………………………………………………

………………………………………………………………

………………………………………………………………

………………………………………………………………

15. Wurden Sie im Wahljahr in der Presse (**ohne** Radio + TV) als Einzelkandidat/-in vorgestellt, z.B. mit standardisierten Fragen oder Porträts?

☐₀ Nein

☐₁ Ja   Falls Ja, wie viele Artikel sind erschienen? .... (Anzahl)
             In welchen Medien? *(Nennen Sie die Titel.)*

....

....

....

16. **Zusatzfrage nur für Mitglieder eines kantonalen resp. des eidgenössischen Parlaments.**
    ⤷ *Ansonsten weiter zu Frage 17*

    Publizierten Sie im Wahljahr in der Lokal- und/oder Regionalpresse Artikel im Stil von „Bericht aus dem Parlament"?

    ☐₀ Nein

    ☐₁ Ja   Falls Ja, wie viele Artikel sind erschienen? .... (Anzahl)

17. Haben/Hatten Sie eine eigene Website?

    ☐₀ Nein

    ☐₁ Ja   Falls Ja, wann schalteten Sie Ihre Website auf?   ☐☐/☐☐☐☐ (Monat/Jahr)

                 Wie oft wurde Ihre Website im Wahljahr besucht?   .... (Anzahl Besuche)
                                                                    Schätzung

                 ☐ Die Anzahl Besucher/-innen ist mir nicht bekannt.

18. Gaben Sie im Wahljahr Interviews gegenüber Radiostationen (irrelevant, ob zu Ihrer Kandidatur oder anderen, auch apolitischen Themen)?

    ☐₀ Nein

    ☐₁ Ja   Falls Ja, wie viele Interviews waren es?   .... (Anzahl)

19. Gaben Sie im Wahljahr Interviews gegenüber Fernsehstationen (irrelevant, ob zu Ihrer Kandidatur oder anderen, auch apolitischen Themen)?

    ☐₀ Nein

    ☐₁ Ja   Falls Ja, wie viele Interviews waren es?   .... (Anzahl)

20. Traten Sie im Wahljahr in der Fernsehsendung „Arena" auf?

    ☐₀ Nein

    ☐₁ Ja   Falls Ja,   wie oft standen Sie in der vordersten Reihe?   .... (Anzahl)
                              wie oft sassen Sie in der zweiten Reihe?   .... (Anzahl)
                              ⤷ In wie vielen Sendungen konnten Sie aus
                                 der zweiten Reihe ein Votum abgeben?   .... (Anzahl)

21. Absolvierten Sie im Wahljahr Medientrainings?

    ☐₀ Nein

    ☐₁ Ja   Falls Ja, wie viele Trainings à mind. 2 Std. waren es?   .... (Anzahl)

22. Auf welche bezahlten Werbemittel setzten Sie in Ihrem Wahlkampf und in welcher Anzahl?

☐x Ich verzichtete auf jegliche bezahlte Werbemittel.

☐A Plakate (Format A2 und grösser) .... (Anzahl)
☐B Plakate (kleiner als A2) .... (Anzahl)
☐C Einzelinserate .... (Anzahl)
☐D Inserate mit anderen Kandidaten .... (Anzahl)
☐E Gedruckte Postkarten . ... (Anzahl)
☐F Elektronische Postkarten .... (Anzahl)
☐G Flyer .... (Anzahl)
☐H Broschüren/Wahlzeitungen .... (Anzahl)
☐I Direct Mail
(Massenwahlwerbung, die unadressiert in Briefkästen verteilt wird) .... (Anzahl)

↳ Falls Ja, in welchen Regionen? ....

....

☐J Adressierte und persönlich unterzeichnete Wahlempfehlungsbriefe .... (Anzahl)

☐K Rundbriefe an Bekannte und Fans (z.B. „Bericht aus dem Parlament").............. (Anzahl)
↳ In welcher Auflage und wie oft verschickten Sie diese Rundbriefe im Wahljahr?

Auflage: .... (Exemplare), ... (z.B. 4x)

☐L ....

23. Riefen Sie für Ihren eigenen Wahlkampf einen Wahlstab ins Leben?

☐0 Nein
☐1 Ja Falls Ja, wann wurde Ihr Wahlstab aktiv? ☐☐/☐☐☐☐ (Monat/Jahr)

Wie viele Personen machten operativ mit? .... (Anzahl)

Aus welchem Umfeld stammten die Mitglieder?
(Mehrfachantworten möglich)
☐A Partei
☐B Familie
☐C Freunde und/oder Bekannte
☐D Profis*, die nicht bezahlt wurden
☐E Profis*, die bezahlt wurden

(*Profis = Grafiker, PR-Beraterin usw.)

Wie viele Stunden Arbeit leistete Ihr Miliz-Wahlstab (inkl. unbezahlte
Profis) insgesamt im Verlauf des Wahljahres? .... (Anzahl) Stunden

Wie viele Stunden leisteten die bezahlten Profis? .... (Anzahl) Stunden
Schätzungen

24. Gab es ein Unterstützungskomitee für Ihre Kandidatur?

☐0 Nein
☐1 Ja Falls Ja, zu welchem Zeitpunkt wurde es ins Leben gerufen? ☐☐/☐☐☐☐
Monat / Jahr

Wie viele Mitglieder hatte es? .... (Anzahl)

25. In wie vielen Organisationen (Berufsverbände, Vereine, Stiftungen, Gewerkschaften, Institutionen etc.) sind Sie Mitglied? Wo in Führungspositionen?

	Anzahl: (Schätzungen)	Anzahl Führungspositionen: (Vorstand)
Vereine und Gesellschaften	(..........)	(..........)
Gewerkschaften/Verbände	(..........)	(..........)
Stiftungen/wohltätige Organisationen	(..........)	(..........)

☐₀ Ich bin nirgendwo Mitglied.

26. Losgelöst von der eigenen Partei, wurden Sie auch von Organisationen unterstützt, etwa in Form von Inseraten oder Wahlempfehlungen?

☐₀ Nein

☐₁ Ja   Falls Ja, von wie vielen Organisationen?   .... (Anzahl)

       Von welchen Organisationen?

       ....

       ....

       ....

27. An welchen und wie vielen öffentlichen politischen Veranstaltungen, an denen Sie persönlich mindestens einen kurzen Auftritt hatten (z.B. in Form einer Grussadresse), nahmen Sie im Wahljahr in Ihrem Kanton teil?

	Anzahl: (Schätzungen)	Publikumsaufmarsch: (Durchschnitt)
☐ₐ Standaktionen/Strassenwahlkampf	....	....
☐ᵦ Podien, Referate	....	....
☐c Parteiversammlungen	....	....
☐D Versammlungen anderer Organisationen		....
....		
☐ₑ	....	....

☐₀ Ich verzichtete auf die Teilnahme an solchen Veranstaltungen.

Wir definierten 20 Faktoren, die für einen Erfolg* bei den Wahlen 2003 relevant gewesen sein können. (* Als Erfolg ist nicht nur der Wahlerfolg gemeint, sondern z.B. auch, mehr Stimmen als 1999 erhalten zu haben oder sich eine gute Ausgangslage für die eidg. Wahlen 2007 geschaffen zu haben.) Diese Faktoren sollen Sie auf einer Skala von 0 bis 9 einstufen, und zwar jeweils

a) im Allgemeinen betrachtet
b) auf Ihre eigene Situation bezogen

28a) Wie wichtig stufen Sie im Allgemeinen den Bisherigen-Bonus ein?

irrelevant   **entscheidend**

| ⓪   ①   ②   ③   ④ | ⑤   ⑥   ⑦   ⑧   ⑨ |

28b) Wie wichtig für eine Wiederwahl war Ihr Bisherigen-Bonus aus Ihrer persönlichen Sicht?

irrelevant   **entscheidend**

| ⓪ ① ② ③ ④ | ⑤ ⑥ ⑦ ⑧ ⑨ |

☐₁₀ Ich war **nicht** amtierendes Nationalratsmitglied, kandidierte also **ohne** Bisherigen-Bonus.

29a) Als wie wichtig taxieren Sie generell den Listenplatz bei den eidg. Wahlen 2003 in Ihrem Kanton?

irrelevant   **entscheidend**

| ⓪ ① ② ③ ④ | ⑤ ⑥ ⑦ ⑧ ⑨ |

29b) Wie zufrieden waren Sie mit Ihrem Listenplatz?

überhaupt nicht   **sehr zufrieden**

| ⓪ ① ② ③ ④ | ⑤ ⑥ ⑦ ⑧ ⑨ |

30a) Wie wichtig war es im Allgemeinen für einen Erfolg, Kandidat/-in einer etablierten Partei zu sein? (Etablierte Partei = Bei den eidg. Wahlen 1999 mind. 1 Sitz in Ihrem Kanton erobert oder Parteigründung im Jahr 1995 resp. früher.)

irrelevant   **entscheidend**

| ⓪ ① ② ③ ④ | ⑤ ⑥ ⑦ ⑧ ⑨ |

30b) Als wie wichtig für Ihren Erfolg stufen Sie es ein, als Kandidat/-in einer etablierten Partei angetreten zu sein?

irrelevant   **entscheidend**

| ⓪ ① ② ③ ④ | ⑤ ⑥ ⑦ ⑧ ⑨ |

☐₁₀ Ich kandidierte nicht für eine etablierte Partei.

31a) Wie wichtig ist im Allgemeinen bei eidg. Wahlkämpfen das Image einer Partei auf nationaler Ebene?

irrelevant   **entscheidend**

| ⓪ ① ② ③ ④ | ⑤ ⑥ ⑦ ⑧ ⑨ |

31b) Wie wichtig war für Ihren eigenen Wahlkampf das Image Ihrer Partei auf nationaler Ebene?

irrelevant   **entscheidend**

| ⓪ ① ② ③ ④ | ⑤ ⑥ ⑦ ⑧ ⑨ |

☐₁₀ Meine Partei existiert(e) nicht auf nationaler Ebene.

32a) Wie wichtig stufen Sie im Allgemeinen den Faktor Geld für Wahlkampagnen ein?

irrelevant   **entscheidend**

| ⓪ ① ② ③ ④ | ⑤ ⑥ ⑦ ⑧ ⑨ |

32b) Wie wichtig war Geld in Ihrem eigenen Wahlkampf?

irrelevant   **entscheidend**

| ⓪ ① ② ③ ④ | ⑤ ⑥ ⑦ ⑧ ⑨ |

33a) Wie wichtig stufen Sie im Allgemeinen einen hohen Bekanntheitsgrad dank langjähriger politischer Arbeit ein?

irrelevant   **entscheidend**

| ⓪   ①   ②   ③   ④ | ⑤   ⑥   ⑦   ⑧   ⑨ |

33b) Wie stark profitierten Sie persönlich von Ihrem Bekanntheitsgrad als Politiker/-in in Ihrem Kanton?

überhaupt nicht   **sehr stark**

| ⓪   ①   ②   ③   ④ | ⑤   ⑥   ⑦   ⑧   ⑨ |

☐₁₀ Ich war vor dem Wahlkampf 2003 politisch nicht aktiv.

34a) Wie wichtig stufen Sie im Allgemeinen einen hohen Bekanntheitsgrad aus nicht politischer Tätigkeit, z.B. aus Wirtschaft, Kultur, Medien und Sport ein?

irrelevant   **entscheidend**

| ⓪   ①   ②   ③   ④ | ⑤   ⑥   ⑦   ⑧   ⑨ |

34b) Wie stark profitierten Sie persönlich von Ihrem Bekanntheitsgrad aus den Bereichen Wirtschaft, Kultur, Medien und Sport?

überhaupt nicht   **sehr stark**

| ⓪   ①   ②   ③   ④ | ⑤   ⑥   ⑦   ⑧   ⑨ |

☐₁₀ Ich bin aus diesen Bereichen nicht bekannt und/oder nicht in diesen Bereichen tätig.

35a) Als wie wichtig stufen Sie im Allgemeinen die Ambitionen einer Kandidatin/eines Kandidaten auf ein gutes Resultat bei den Wahlen 2003 ein?

irrelevant   **entscheidend**

| ⓪   ①   ②   ③   ④ | ⑤   ⑥   ⑦   ⑧   ⑨ |

35b) Wie ambitioniert kämpften Sie persönlich im Wahljahr 2003?

überhaupt nicht ambitioniert   **sehr ambitioniert**

| ⓪   ①   ②   ③   ④ | ⑤   ⑥   ⑦   ⑧   ⑨ |

36a) Als wie wichtig für den Wahlkampf 2003 stufen Sie im Allgemeinen Mitgliedschaften in vielen oder grossen Organisationen ein?

irrelevant   **entscheidend**

| ⓪   ①   ②   ③   ④ | ⑤   ⑥   ⑦   ⑧   ⑨ |

36b) Wie gut waren Sie in Ihrer eigenen Wahrnehmung im Jahr 2003 in Organisationen vernetzt?

überhaupt nicht   **sehr gut**

| ⓪   ①   ②   ③   ④ | ⑤   ⑥   ⑦   ⑧   ⑨ |

37a) Als wie wichtig taxieren Sie im Allgemeinen die Unterstützung von engagierten Helfer/-innen?

irrelevant   **entscheidend**

| ⓪   ①   ②   ③   ④ | ⑤   ⑥   ⑦   ⑧   ⑨ |

37b) Wie wichtig war für Ihren eigenen Wahlkampf die Unterstützung von engagierten Helfer/-innen?

irrelevant   **entscheidend**

| ⓪   ① ② ③ ④ | ⑤ ⑥ ⑦ ⑧ ⑨ |

☐10 Ich verzichtete auf die Unterstützung von Helfer/-innen.

38a) Wie wichtig stufen Sie im Allgemeinen die Unterstützung durch bezahlte Profis ein?

irrelevant   **entscheidend**

| ⓪   ① ② ③ ④ | ⑤ ⑥ ⑦ ⑧ ⑨ |

38b) Wie wichtig war für Sie persönlich die Unterstützung durch bezahlte Profis?

irrelevant   **entscheidend**

| ⓪   ① ② ③ ④ | ⑤ ⑥ ⑦ ⑧ ⑨ |

☐10 Ich verzichtete auf die Unterstützung von bezahlten Profis.

39a) Wie wichtig stufen Sie im Allgemeinen Fachkompetenz und Dossierkenntnisse für Kandidierende im Wahlkampf 2003 ein?

irrelevant   **entscheidend**

| ⓪   ① ② ③ ④ | ⑤ ⑥ ⑦ ⑧ ⑨ |

39b) Wie gut glauben Sie, waren im Jahr 2003 Ihre Fachkompetenz und Dossierkenntnisse?

sehr schlecht   **sehr gut**

| ⓪   ① ② ③ ④ | ⑤ ⑥ ⑦ ⑧ ⑨ |

40a) Wie wichtig ist es generell, eine Leaderfigur (Meinungsträger/-in) in politischen Themen zu sein?

irrelevant   **entscheidend**

| ⓪   ① ② ③ ④ | ⑤ ⑥ ⑦ ⑧ ⑨ |

40b) Waren Sie nach Ihrer eigenen Wahrnehmung eine Leadfigur in gewissen Themen?

Nein, überhaupt nicht   **Ja, sicher**

| ⓪   ① ② ③ ④ | ⑤ ⑥ ⑦ ⑧ ⑨ |

41a) Wie wichtig ist es im Allgemeinen, eine Wahlkampagne von mindestens einem Jahr Dauer zu führen?

irrelevant   **entscheidend**

| ⓪   ① ② ③ ④ | ⑤ ⑥ ⑦ ⑧ ⑨ |

41b) Haben Sie Ihre eigene Wahlkampagne über ein volles Jahr hinaus oder länger geführt?

☐0 Nein
☐1 Ja

42a) Wie wichtig stufen Sie es im Allgemeinen ein, einen direkten Kontakt mit dem Volk zu unterhalten (Standaktionen, „Klinkenputzen" usw.)?

irrelevant   **entscheidend**

| ⓪   ① ② ③ ④ | ⑤ ⑥ ⑦ ⑧ ⑨ |

42b) Wie erfolgreich waren Ihre Bemühungen, direkten Kontakt mit dem Volk zu unterhalten?

sehr schlecht   **sehr erfolgreich**

| ⓪   ①   ②   ③   ④ | ⑤   ⑥   ⑦   ⑧   ⑨ |

☐ 10 Ich verzichtete auf den Kontakt mit dem Volk.

43a) Wie wichtig stufen Sie generell eine durchdachte Wahlkampfstrategie ein?

irrelevant   **entscheidend**

| ⓪   ①   ②   ③   ④ | ⑤   ⑥   ⑦   ⑧   ⑨ |

43b) Wie gut war aus Ihrer persönlichen Wahrnehmung Ihre Wahlkampfstrategie?

sehr schlecht   **sehr gut**

| ⓪   ①   ②   ③   ④ | ⑤   ⑥   ⑦   ⑧   ⑨ |

☐ 10 Ich kandidierte ohne eine Wahlkampfstrategie.

44a) Wie wichtig taxieren Sie im Allgemeinen die Fähigkeit, in der Öffentlichkeit souverän aufzutreten?

irrelevant   **entscheidend**

| ⓪   ①   ②   ③   ④ | ⑤   ⑥   ⑦   ⑧   ⑨ |

44b) Wie souverän waren nach Ihrer eigenen Wahrnehmung Ihre Auftritte in der Öffentlichkeit?

überhaupt nicht souverän   **sehr souverän**

| ⓪   ①   ②   ③   ④ | ⑤   ⑥   ⑦   ⑧   ⑨ |

☐ 10 Ich bestritt keine öffentlichen Auftritte.

45a) Wie wichtig stufen Sie im Allgemeinen die so genannte Medientauglichkeit ein?

irrelevant   **entscheidend**

| ⓪   ①   ②   ③   ④ | ⑤   ⑥   ⑦   ⑧   ⑨ |

45b) Als wie gut taxieren Sie aus Ihrer persönlichen Wahrnehmung Ihre Medientauglichkeit?

sehr schlecht   **sehr gut**

| ⓪   ①   ②   ③   ④ | ⑤   ⑥   ⑦   ⑧   ⑨ |

46a) Wie wichtig taxieren Sie im Allgemeinen das Aussehen für Kandidierende?

irrelevant   **entscheidend**

| ⓪   ①   ②   ③   ④ | ⑤   ⑥   ⑦   ⑧   ⑨ |

46b) Hat Ihr Aussehen Ihren eigenen Wahlkampf im positiven Sinn unterstützt?

Nein, im Gegenteil   **Ja, sehr**

| ⓪   ①   ②   ③   ④ | ⑤   ⑥   ⑦   ⑧   ⑨ |

47a) Wie wichtig stufen Sie im Allgemeinen eine grosse Medienpräsenz ein? (Ob positiv oder negativ über eine Person berichtet wurde, ist irrelevant.)

irrelevant   **entscheidend**

| ⓪ ① ② ③ ④ | ⑤ ⑥ ⑦ ⑧ ⑨ |

47b) Wie gross war aus Ihrer eigenen Wahrnehmung Ihre Medienpräsenz?

nicht vorhanden   **sehr gross**

| ⓪ ① ② ③ ④ | ⑤ ⑥ ⑦ ⑧ ⑨ |

---

48. Wie bedeutend taxieren Sie **im Allgemeinen** (in Ihrem Kanton) die folgenden Medien sowie Werbemassnahmen, um einen wirkungsvollen Wahlkampf zu führen?

		sehr bedeutend:	eher bedeutend:	eher unbedeutend:	gar nicht bedeutend:	weiss nicht:	keine Antwort:
a)	Radio DRS/RSR/RSI	☐5	☐4	☐3	☐2	☐1	☐0
b)	Schweizer Lokalradios	☐5	☐4	☐3	☐2	☐1	☐0
c)	Fernsehen DRS/TSR/TSI	☐5	☐4	☐3	☐2	☐1	☐0
d)	Private Schweizer TV-Sender	☐5	☐4	☐3	☐2	☐1	☐0
e)	Inserate	☐5	☐4	☐3	☐2	☐1	☐0
f)	Zeitungen, redaktionelle Berichterstattung	☐5	☐4	☐3	☐2	☐1	☐0
g)	Leserbriefe & andere selber verfasste Artikel	☐5	☐4	☐3	☐2	☐1	☐0
h)	Medienkonferenzen	☐5	☐4	☐3	☐2	☐1	☐0
i)	Wahlzeitungen	☐5	☐4	☐3	☐2	☐1	☐0
j)	Broschüren, Flyer	☐5	☐4	☐3	☐2	☐1	☐0
k)	Plakate	☐5	☐4	☐3	☐2	☐1	☐0
l)	Eigene Website	☐5	☐4	☐3	☐2	☐1	☐0
m)	Direct Mail*	☐5	☐4	☐3	☐2	☐1	☐0
n)	Wahlempfehlungsbriefe*	☐5	☐4	☐3	☐2	☐1	☐0
o)	Rundbriefe*	☐5	☐4	☐3	☐2	☐1	☐0
p)	Pers. Kontakte*	☐5	☐4	☐3	☐2	☐1	☐0
q)	....	☐5	☐4	☐3	☐2	☐1	☐0
r)	....	☐5	☐4	☐3	☐2	☐1	☐0

Definitionen

Direct Mail:	*Massenwahlwerbung, die unadressiert durch Dritte (z.B. die Post) in Briefkästen verteilt wird.*
Wahlempfehlungsbriefe:	*Adressierte und persönlich unterschriebene Briefe.*
Rundbriefe:	*Briefe für Bekannte und Fans etc. (z.B. „Bericht aus dem Parlament")*
Pers. Kontakte:	*Direkter persönlicher Kontakt mit dem Volk (z.B. Standaktionen, „Klinkenputzen")*

---

49. Wie zufrieden sind Sie mit dem Ergebnis, das Sie am 19. Oktober 2003 erreicht haben?

überhaupt nicht zufrieden   **sehr zufrieden**

| ⓪ ① ② ③ ④ | ⑤ ⑥ ⑦ ⑧ ⑨ |

---

50. Wie gut waren aus Ihrer Perspektive Ihre Leistungen und Ihr Wahlkampf gesamthaft (Strategie, Wahl und Einsatz der Werbemittel, persönliches Engagement usw.)?

sehr schlecht   **sehr gut**

| ⓪ ① ② ③ ④ | ⑤ ⑥ ⑦ ⑧ ⑨ |

51. Wären Sie bereit, bei einer Zweitbefragung (persönliches Interview oder via Telefon) mitzumachen?

   ☐ₒ Nein
   ☐₁ Ja

Persönliche Angaben:

Ich kandidierte bei den eidgenössischen Wahlen 2003 wie folgt:

Kanton: ....

Name der Liste: ....

Listennummer: ....

Mein Listenplatz: .... von total .... Listenplätzen meiner Liste

Bitte kontrollieren Sie, ob wir Ihren Namen und Ihre Anschrift auf der Etikette, die hier kleben sollte, richtig erfasst haben. Ergänzen Sie zudem die weiteren Felder.

Anrede: ☐₁ Frau   ☐₂ Herr

Vorname/Name ....

Adresse ....

PLZ/Ort ....

Telefonnummer ....

E-Mail ....

Muttersprache ☐₁ dt.   ☐₂ frz.   ☐₃ it.   ☐₄ rumantsch   ☐₅ andere

Jahrgang ....

**Wir danken Ihnen für Ihre Mitarbeit! Wir werden Sie per E-Mail benachrichtigen,
wenn die Ergebnisse publikationsreif sind.**

Datensätze

Für die Analysen der Nationalratswahlen 2003 konnten wir auf drei verschiedene Datensätze zurückgreifen:

- offizielle Panaschierstimmen-Statistik
- Befragung der Kandidaten zu ihrem persönlichen Wahlkampf
- Angaben, welche die Kandidaten für die Smartvote-Wahlhilfe machten

Die offizielle Panaschierstimmen-Statistik
Es handelt sich um die offizielle Dokumentation der Wahlergebnisse. Sie ist beispielsweise beim Bundesamt für Statistik erhältlich. Kernpunkt der Statistik sind die Stimmenzahlen aller Parteien und Kandidaten in allen Kantonen. Aus diesen Daten ist auch ersichtlich, wie viele Stimmen die einzelnen Kandidaten auf den Listen der anderen Parteien erhalten haben. Das sind die so genannten Panaschierstimmen.

Die Befragung der Kandidaten zu ihrem persönlichen Wahlkampf
Wir führten von der Universität Bern aus eine Vollbefragung unter allen Kandidaten durch. Schwerpunkte waren die Wahlkampfführung, die persönlichen Voraussetzungen und die eingesetzten Mittel. Der Fragebogen befindet sich im Anhang dieses Buches. Von den 2852 Personen, die 2003 für den Nationalrat kandidierten, nahmen 1434 an unserer Befragung teil. Die Rücklaufquote beträgt stolze 50,2 Prozent. Die Erkenntnisse, die aus diesem Datensatz gezogen werden können, sind darum aussagekräftig.

Die Smartvote-Wahlhilfe
Bei den eidgenössischen Wahlen 2003 wurde erstmals die Smartvote-Wahlhilfe eingesetzt. Die Kandidaten konnten Fragen zu verschiedenen politischen Sachgebieten beantworten. Die Kandidaten-Profile wurden darauf online zugänglich gemacht. Für unsere Analysen konnten wir auf diese Daten zurückgreifen. An der Smartvote-Befragung nahmen 1419 Kandidaten teil. Das entspricht 49,7 Prozent.

Ausblick: Kandidatenbefragungen 2007

Die Befragung aller National- und Ständeratskandidaten 2003 war ein grosser Erfolg. Das Ergebnis dieser Befragung ist das Buch, das Sie gerade in den Händen halten. Die Auswertung der Befragung lieferte aber nicht nur für künftige Kandidierende wichtige und neue Erkenntnisse, sondern auch für die Wissenschaft. So sind neben diesem Buch auch rein wissenschaftliche Veröffentlichungen geplant.

Gleichzeitig beabsichtigen wir, auch 2007 eine ähnliche Befragung durchzuführen. Zum einen, um verschiedene Aspekte der Wahlkampagnen noch besser herausarbeiten zu können. Zum anderen, um Entwicklungen und Veränderungen in der Wahlkampfführung wissenschaftlich zu verfolgen. Dabei werden wir mit anderen Wissenschaftlern, die sich ebenfalls mit den Wahlen befassen, eng zusammenarbeiten. So werden die Kandidatinnen und Kandidaten für die eidgenössischen Wahlen 2007 voraussichtlich dreimal von der Wissenschaft kontaktiert:

a) Die Smartvote-Wahlhilfe
Smartvote soll im Jahr 2007 wieder ähnlich ablaufen wie 2003. Die Kandidaten können Fragen zu verschiedenen politischen Sachgebieten beantworten. Die Antworten ergeben ein Profil und werden online verfügbar gemacht. Gleichzeitig lassen sich so wieder Wahlempfehlungen erstellen. Smartvote dürfte einige Monate vor dem Wahltermin mit dem Aufschalten der Kandidaten-Profile beginnen.

b) Die Befragung zum Wahlkampf
Unser Fragebogen zum Wahlkampf 2003 befindet sich im Anhang dieses Buches. Es handelte sich um die erste derart umfangreiche Befragung zu diesem Thema in der Schweiz. Für die Befragung 2007 ist eine gründliche Überarbeitung des Fragebogens geplant. Er sollte kurz nach der Wahl auf dem Postweg versendet werden können.

c) Die Selects-Kandidatenbefragung
Gleichzeitig will auch Selects die Kandidaten befragen. Wozu die doppelte Mühe? Der Selects-Fragebogen ist Bestandteil einer internationalen Vergleichsstudie. Dabei wird der Wahlkampf bei weitem nicht in der Ausführlichkeit thematisiert, wie das die Autoren dieses Buches getan haben. Die beiden Befragungen werden sich aber gut ergänzen. Wir werden besonders darauf achten, dass die Kandidaten nicht zweimal mit denselben Fragen belästigt werden. Die Selects-Befragung soll online durchgeführt werden. Sie wird zeitnah zur Wahl aufgeschaltet.

Literaturempfehlungen

Im angelsächsischen Sprachraum ist die Literatur zum Thema Wahlkampf fast unendlich. Wir beschränken uns deshalb auf ein paar Publikationen aus der Schweiz und Deutschland.

- Apitz, Tessa (2006): Personen im Wahlkampf – Garantie für den Erfolg? Analyse der SPD-Wahlkämpfe auf Bundesebene 2002 und auf Landesebene in Nordrhein-Westfalen 2005; VDM Verlag Dr. Müller, Saarbrücken.

- Brettschneider, Frank (2002): Spitzenkadidaten und Wahlerfolg. Personalisierung – Kompetenz – Parteien. Ein internationaler Vergleich; Westdeutscher Verlag, Wiesbaden.

- Fontana, Marie-Christine (2004): «doing gender» im Wahlkampf? Eine Analyse der Selbstdarstellung von Kandidierenden bei den Nationalratswahlen 2003; Lizentiatsarbeit, Philosophische Fakultät, Universität Zürich

- Frey, Siegfried (1999): Die Macht des Bildes. Der Einfluss der nonverbalen Kommunikation auf Kultur und Politik; Hans Huber, Bern.

- Gruner, Erich (1977): Die Parteien der Schweiz; Francke, Bern.

- Jacques-Bosch, Bettina (1997): So gewinnt man Wahlen!; Kranich-Verlag, Zollikon.

- Ladner, Andreas & Brändle, Michael (2001): Die Schweizer Parteien im Wandel. Von Mitgliederparteien zu professionalisierten Wählerorganisationen?; Seismo, Zürich.

- Lutz, Georg & Strohmann, Dirk (1998): Wahl- und Abstimmungsrecht in den Kantonen; Paul Haupt, Bern.

- Rickenbacher, Iwan (1995): Politische Kommunikation; Paul Haupt, Bern.

- Sarcinelli, Ulrich et al. (1998): Politikvermittlung und Demokratie in der Mediengesellschaft; Westdeutscher Verlag, Wiesbaden.

- Selb, Peter (2003): Agenda-Setting Prozese im Wahlkampf; Paul Haupt, Bern.

- Strohmeier, Gerd (2002): Moderne Wahlkämpfe – wie sie geplant, geführt und gewonnen werden; Nomos Verlagsgesellschaft, Baden-Baden.

Abkürzungen der Parteinamen

CSP	Christlichsoziale Partei
CVP	Christlichdemokratische Volkspartei
EDU	Eidgenössisch-Demokratische Union
EVP	Evangelische Volkspartei der Schweiz
FDP	Freisinnig-Demokratische Partei
FPS	Freiheits-Partei der Schweiz
GPS	Grüne Partei der Schweiz
LdU	Landesring der Unabhängigen
Lega	Lega dei Ticinesi
LPS	Liberale Partei der Schweiz
PdA	Partei der Arbeit
POCH	Progressive Organisationen der Schweiz
PSA	Partie socialiste autonome
Rep	Schweizerische Republikanische Bewegung
SD	Schweizer Demokraten
SGA	Sozialistisch-Grüne Alternative
Sol	SolidaritéS
SP	Sozialdemokratische Partei
SVP	Schweizerische Volkspartei

Links

www.apg.ch	APG Affichage
www.plakat.ch	Clear Channel
www.smartvote.ch	Smartvote-Wahlhilfe
www.bk.admin.ch	Bundeskanzlei
www.parlament.ch	eidg. Parlament
www.parlamentsspiegel.ch	Positionierungen aller Nationalratsmitglieder
www.parlarating.ch	Rating aller Nationalratsmitglieder
www.presserat.ch	Schweizer Presserat
www.politik-stat.ch	Statistik zu den Wahlen
www.selects.ch	Swiss Electoral Studies (Schweizer Wahlstudien seit 1995)
www.swisspolitics.org	Web-Plattform von «swissinfo»
www.wahlkampfblog.ch	Das Weblog für Kandidaten, Parteistrateginnen und Medienschaffende

Register zum Teil A – der Ratgeber

Dank

- Professor Roger Blum, der unser Buchprojekt wohlwollend, motivierend und mit grossem Interesse begleitet hat.

- Lotteriefonds des Kantons Basel-Landschaft, «Die Mobiliar» sowie Jost Druck AG in Hünibach für die finanzielle Unterstützung.

- Allen 1434 Nationalrats- sowie den 69 Ständerats-Kandidierenden, die an unserer Befragung teilgenommen haben.

- Franziska Ingold für das Layout des Fragebogens.

- Nathalie Beyeler, Fabrizio Lanzi und Yvette Ming für die Übersetzungen der Fragebogen ins Französische und Italienische.

- Markus «the wizard» Hausammann für das Programmieren der SPSS-Datenbank.

- Christine Büsser, Dominik Eggli, Simone Hofstetter, Annette König, Adrian Kunz, Res Rüfenacht und Sabine Schär für das Codieren der Fragebogen.

- Monika Remund vom Institut für Kommunikations- und Medienwissenschaft der Universität Bern sowie Jan Fivaz und Daniel Schwarz vom Smartvote-Team für die gute Kooperation.

- Unseren Kolleginnen und Kollegen in der Bürogemeinschaft @Gutenberg 14 für den guten Groove und die gute Arbeitsatmosphäre; «es fägt» mit euch!

- Liliane Eggli, Dominique Trachsel und Sabine Zeilinger für die Hilfe im Hintergrund.

- Regula Beck, Claudio Enggist, Lukas Golder, Beatrice Hochuli, Hanna Klingbeil, Peter Selb, Michael Schmid und Jonas Zeller für Dialog und Diskurs, Unterstützung und Freundschaft.

Die Autoren

MARK BALSIGER, M.A. (JOURNALISTIK)

Journalistikstudium an der Universität Cardiff (GB) • Master-Abschluss zum Thema «Wahlkampf in der Schweiz, Grossbritannien und den USA» • Langjährige Tätigkeit als Journalist und Redaktor, zuletzt bei Schweizer Radio DRS • Aufbau und Coaching einer multiethnisch zusammengesetzten Radioredaktion im Nachkriegsbosnien • Pressesprecher • Seit 2002 geschäftsführender Inhaber der Berner PR-Agentur Border Crossing AG.

HUBERT ROTH, M.A. (POLITIKWISSENSCHAFT)

Studium der Politikwissenschaft, Philosophie und Physik an der Universität Würzburg (D) • Abschlussarbeit über spieltheoretische Modellierung parlamentarischer Prozesse • Forschungsassistenzen am Institut für Politikwissenschaft sowie am Institut für Publizistikwissenschaft der Universität Zürich mit einem Schwerpunkt in Demoskopie • Derzeit an einer Dissertation über die Meinungsbildung bei Wahlen.

Bitte

Wir machen uns nichts vor: Dieses Buch kann nicht überall genug in die Tiefe gehen, einzelne Bereiche fehlen, womöglich gibt es Widersprüche.

Auch in Zukunft werden wir uns intensiv mit dem Thema Wahlkampf befassen. Weitere Umfragen und Bücher sind geplant. Vor diesem Hintergrund ist uns Ihr Feedback sehr wichtig. Ihre Meinung interessiert uns.

Haben Sie Anregungen? Fragen? Ideen? Reklamationen? Und vor allem: Welche Erfahrungen machten Sie in Ihrem eigenen Wahlkampf?

Schreiben Sie uns. Per E-Mail oder per Post. Oder «bloggen» Sie mit uns über Wahlkampf, politische Kommunikation, Medien und Politik auf **www.wahlkampfblog.ch**

Unsere Koordinaten

Border Crossing AG
PR & Kommunikation
Mark Balsiger & Partner
Gutenbergstrasse 14, Postfach 5555
3001 Bern

Telefon: 031 368 15 00
E-Mail: wahlkampf@border-crossing.ch
Website: www.border-crossing.ch
Weblog: www.wahlkampfblog.ch

Schwerpunkte von Border Crossing
• Kampagnen
• Medienarbeit
• Medientraining
• Rhetorik und Auftrittskompetenz
• Krisenkommunikation
• Wahlkampfberatung
• Werbung